高等教育"十四五"系列教材

大学生创新创业教程

主　编　庄　丽
副主编　王志强　王宏岩

华中科技大学出版社
http://www.hustp.com
中国·武汉

图书在版编目(CIP)数据

大学生创新创业教程/庄丽主编. —武汉:华中科技大学出版社,2022.10
ISBN 978-7-5680-8018-7

Ⅰ.①大… Ⅱ.①庄… Ⅲ.①大学生-创业-高等学校-教材 Ⅳ.①G647.38

中国版本图书馆 CIP 数据核字(2022)第 182275 号

大学生创新创业教程

Daxuesheng Chuangxin Chuangye Jiaocheng

庄 丽 主编

策划编辑：聂亚文	
责任编辑：段亚萍	
封面设计：孢　子	
责任监印：朱　玢	
出版发行：华中科技大学出版社(中国·武汉)	电话：(027)81321913
武汉市东湖新技术开发区华工科技园	邮编：430223
录　　排：武汉创易图文工作室	
印　　刷：武汉开心印印刷有限公司	
开　　本：787mm×1092mm　1/16	
印　　张：10.5	
字　　数：276 千字	
版　　次：2022 年 10 月第 1 版第 1 次印刷	
定　　价：40.00 元	

本书若有印装质量问题，请向出版社营销中心调换
全国免费服务热线：400-6679-118　竭诚为您服务
版权所有　侵权必究

前言
Preface

创新概念是美籍奥地利著名经济学家熊彼特1912年在《经济发展理论》一书中提出的,他于1934年又提出了创业的概念。1947年,哈佛大学商学院率先开设创业教育课程,开启了高校创新创业教育的新航程。目前欧美等创新型国家高校的创新创业教育已经普及,为经济社会发展培养了数以亿计的创新创业型人才。20世纪80年代起,随着国有企业改革和大学生分配制度改革的不断深入,我国各高校就业和创业教育逐步开展。1998年,教育部首先在9所高校开展创业教育的实践探索。特别是党的十八大提出创新驱动发展战略,"大众创业、万众创新"成为新常态下新经济发展的新引擎。2015年,国务院办公厅印发《关于深化高等学校创新创业教育改革的实施意见》,对高校开展创新创业教育提出了"三步走"战略,到2020年建立健全课堂教学、自主学习、结合实践、指导帮扶、文化引领融为一体的高校创新创业教育体系,满足创新型国家建设对创新创业型人才的新需求。

时代呼唤创新,时代呼吁创业,对当代大学生开展创新创业教育,势必会培养出大批的具有创新能力的人才,从而能给社会带来更多的就业岗位,使社会得到更好的发展。当代大学生应加强自身历练,提高自身的各项能力,更有力地接受社会赋予的使命,从而成为社会的领跑者,走在时代前沿。

针对在校大学生编写一本创新创业教材很有必要。随着大学生创新创业教育的深入推进,大学创新创业教材建设应运而生。国内部分重点高校在翻译国外教材的基础上,自编创新与创业类型教材较多,从某种意义上基本满足了创新创业教育的需要。但编者认为,目前已经出版的教材要么属于创新管理类,要么属于创业管理类,在创新创业知识体系融合上不免有"两张皮"现象。虽曾有国内知名教授做了这方面的领先型探索,其对在校大学生创新创业教育的针对性稍有欠缺。本书编者根据近几年讲授大学生创新创业课程的体会,编写此书以示探索。力求简明扼要,重点突出,易读、易懂、易用,贵在培养大学生创新创业的实战能力。

本书在编写过程中参考查阅了相关的书籍和网页,引用了国家的相关政策和管理规定,并得到有关专家的具体指导,在此向相关作者表示感谢!

由于编者水平有限,时间仓促,书中难免有疏漏之处,敬请广大同仁和读者批评指正。

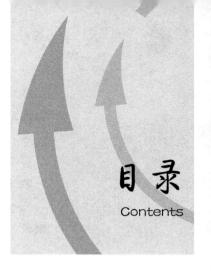

目录
Contents

第一章　创新概述 /1
 第一节　创新基本理论/1
 第二节　创新的基础与过程/8

第二章　创新能力培养/23
 第一节　创新能力概述/23
 第二节　创新能力培养/25

第三章　创新能力测试——智力激励法/29

第四章　创业概述/34
 第一节　认识创业/34
 第二节　创业过程/42

第五章　创业者的必备素养/65
 第一节　创业者/65
 第二节　创业能力/66
 第三节　创业精神/69

第六章　创业团队/77
 第一节　创业团队的构建/77
 第二节　创业团队的管理/86

第七章　创业计划的编制/92
 第一节　创业计划概述/92
 第二节　创业计划书的编写/94

第八章　创业融资/111
 第一节　创业融资概述/111
 第二节　融资成本概述/114
 第三节　创业融资方式/117

第四节　创业资金测算/122
第九章　新企业的创办/134
　　第一节　企业组织形式的选择/134
　　第二节　企业选址/142
　　第三节　企业注册流程及法律伦理问题/144
　　第四节　新创企业的发展/147
附录/151
　　附录 A/151
　　附录 B/155
　　附录 C/159

第一章 创新概述

第一节 创新基本理论

一、基本概念

创新是一个汉语词语,是指人类为了满足自身需要,不断拓展对客观世界及其自身的认知与行为的过程和结果的活动。或具体讲,创新是指人为了一定的目的,遵循事物发展的规律,对事物的整体或其中的某些部分进行变革,从而使其得以更新与发展的活动。

创新,顾名思义,即创造新的事物。《广雅》:"创,始也。"新,与旧相对。创新一词出现很早,如《魏书》中有"革弊创新",《周书》中有"创新改旧"。和创新含义相近的词语有维新、鼎新等,如"咸与维新""革故鼎新""除旧布新""苟日新,日日新,又日新"。

创是始的意思,所以创造不是后造,而是始造。创造和仿造相对。通常说创造,含有造出了一个前所未有的事物的意味。说创新,大致有两种意味。一种意味是创造了新的东西,这和创造实际是同一个意思。另一种意味是本来存在一个事物,将它更新或者造出一个新事物来代替它。在这种意味下,创新中包含了创造。但创造不可能凭空而起,创造一般是建立在原有的事物或其转化的基础上,包含了对原有事物的创新,因而创造中又包含了创新。人类的创造创新可以分解为两个部分:一是思考,想出新主意;一是行动,根据新主意做出新事物。一般是先有创造创新的主意,然后有创造创新的行动。创造和创新还有一种特定的含义,即创造创新学术界主流的术语定义:创造是指想新的,创新是指做新的。在西方,英语中 innovation(创新)这个词起源于拉丁语。它的原义有三层含义:第一,更新,就是对原有的东西进行替换;第二,创造新的东西,就是创造出原来没有的东西;第三,改变,就是对原有的东西进行发展和改造。

在西方,创新概念的起源可追溯到 1912 年美籍经济学家熊彼特的《经济发展理论》。熊彼特在其著作中提出:创新是指把一种新的生产要素和生产条件的"结合"引入生产体系。它包括五种情况:引入一种新产品,引入一种新的生产方法,开辟一个新的市场,获得原材料或半成品的一种新的供应来源,实现新的组织形式和管理模式。熊彼特的创新概念包含的范围很广,如涉及技术性变化的创新及非技术性变化的组织创新。

到 20 世纪 60 年代,随着新技术革命的迅猛发展,美国经济学家华尔特·罗斯托提出了"起飞"六阶段理论,将"创新"的概念发展为"技术创新",把"技术创新"提高到"创新"的主导地位。1962年,伊诺思在其《石油加工业中的发明与创新》一文中首次直接明确地对技术创新下定义:"技术创新是几种行为综合的结果,这些行为包括发明的选择、资本投入保证、组织建立、制订计划、招用工人和开辟市场等。"伊诺思是从行为的集合的角度来下定义的。而首次从创新时序过程角度来定义技术创新的林恩认为,技术创新是"始于对技术的商业潜力的认识而终于将其完全转化为商业化产品的整个行为过程"。

美国国家科学基金会(NSF)也从20世纪60年代开始兴起并组织对技术的变革和技术创新的研究,迈尔斯和马奎斯作为主要的倡议者和参与者,在其1969年的研究报告《成功的工业创新》中将创新定义为技术变革的集合,认为技术创新是一个复杂的活动过程,从新思想、新概念开始,通过不断解决各种问题,最终使一个有经济价值和社会价值的新项目得到实际的成功应用。到20世纪70年代下半期,对技术创新的界定大大扩宽了,在NSF报告《1976年:科学指示器》中,将技术创新定义为"技术创新是将新的或改进的产品、过程或服务引入市场",而明确地将模仿和不需要引入新技术知识的改进作为最终层次上的两类创新而划入技术创新定义范围内。

20世纪70—80年代开始,有关创新的研究进一步深入,开始形成系统的理论。厄特巴克在20世纪70年代的创新研究中独树一帜,他在1974年发表的《产业创新与技术扩散》中认为:"与发明或技术样品相区别,创新就是技术的实际采用或首次应用。"缪尔赛在20世纪80年代中期对技术创新概念做了系统的整理分析。在整理分析的基础上,他认为:"技术创新是以其构思新颖性和成功实现为特征的有意义的非连续性事件。"著名学者弗里曼把创新对象基本上限定为规范化的重要创新。他从经济学的角度考虑创新。他认为,技术创新在经济学上的意义只是包括新产品、新过程、新系统和新装备等形式在内的技术向商业化实现的首次转化。他在1973年发表的《工业创新中的成功与失败研究》中认为:"技术创新是一个技术的、工艺的和商业化的全过程,其导致新产品的市场实现和新技术工艺与装备的商业化应用。"其后,他在1982年的《工业创新经济学》修订本中明确指出,技术创新就是指新产品、新过程、新系统和新服务的首次商业性转化。

中国20世纪80年代以来也开展了规模较大的技术创新方面的研究,傅家骥先生对技术创新的定义是:企业家抓住市场的潜在盈利机会,以获取商业利益为目标,重新组织生产条件和要素,建立起效能更强、效率更高和费用更低的生产经营方法,从而推出新的产品、新的生产(工艺)方法,开辟新的市场,获得新的原材料或半成品供给来源,或建立企业新的组织,它包括科技、组织、商业和金融等一系列活动的综合过程。此定义是从企业的角度给出的。彭玉冰、白国红也从企业的角度为技术创新下了定义:"企业技术创新是企业家对生产要素、生产条件、生产组织进行重新组合,以建立效能更好、效率更高的新生产体系,获得更大利润的过程。"

中国学者陈伟博士构筑了创新管理学科架构体系。1984年,陈伟提出创新的第三种不确定性、创新追赶陷阱模型、以工艺变化为中心的产业创新模型等。1996年,在科学出版社出版《创新管理》(中国第一部创新管理专著),成为该领域奠基之作,专著思路架构领先于欧美同类学者。1997年,《创新管理》获安子介国际贸易研究奖第一名。《创新管理》被清华大学、浙江大学、哈尔滨工业大学等用作管理硕士、博士教材,博士生入学考试指定教材,北京大学商学网将《创新管理》与彼得·德鲁克的《创新与企业家精神》一道列为两本必读创新论著。1992—1995年,陈伟承担国家自然科学基金"八五"重大项目"中国技术创新研究"之子课题"技术创新过程组织";1999年,项目获国家教育部科技进步一等奖。2007年,陈伟博士在美国《财富》

杂志(中文版)开设创新专栏。

进入21世纪,信息技术推动下知识社会的形成及其对技术创新的影响进一步被认识,科学界进一步反思对创新的认识:技术创新是一个科技、经济一体化过程,是技术进步与应用创新的"双螺旋结构"共同作用催生的产物。知识社会条件下以需求为导向、以人为本的创新2.0模式进一步得到关注。宋刚等在《复杂性科学视野下的科技创新》一文中通过对科技创新复杂性分析以及AIP"三验"应用创新园区的案例剖析,指出了技术创新是各创新主体、创新要素交互复杂作用下的一种复杂涌现现象,是技术进步与应用创新的"双螺旋结构"共同演进的产物;信息技术的融合与发展推动了社会形态的变革,催生了知识社会,使得传统的实验室边界逐步"融化",进一步推动了科技创新模式的嬗变。要完善科技创新体系亟须构建以用户为中心、以需求为驱动、以社会实践为舞台的共同创新、开放创新的应用创新平台,通过创新双螺旋结构的呼应与互动形成有利于创新涌现的创新生态,打造以人为本的创新2.0模式。

综上,创新是指以现有的思维模式提出有别于常规或常人思路的见解为导向,利用现有的知识和物质,在特定的环境中,本着理想化需要或为满足社会需求,而改进或创造新的事物、方法、元素、路径、环境,并能获得一定有益效果的行为。

二、创新的内容

创新是为客户创造出"新"的价值。把未被满足的需求或潜在的需求转化为机会,并创造出新的客户满意。创新的目的不是利润最大化,创新的目的是创造客户。以牺牲客户价值为代价的"创造"不是创新,其结果只能是给企业,甚至是整个行业造成灾难。因此,发明未必是创新,除非该发明能够被应用并创造出新的客户价值。创业也未必是创新,只有其新的事业创造出了"新的客户满意",否则,新创企业很可能对现有的产业造成破坏。

创新活动赋予资源一种新的能力,使它能够创造出更多的客户价值。实际上,创新活动本身就创造了资源。因此,创新是一项有目的性的管理实践,遵循一系列经过验证的原则和条件。创新是一门学科,是可以传授和学习的。与在工商企业中一样,创新对非营利组织和公共机构同样重要。

在持续改进的过程中有时也能够产生创新的成果,然而,更多的创新产生于对客户需求更深刻的发掘和认识,从而创造出"全新的业务"和客户价值,即所谓颠覆式创新。创新是有风险的,然而,"吃老本"或者"重复改进"比创造未来风险更大。创新的障碍并非企业的规模,我们生活中的很多创新源自大企业;创新真正的障碍是现有的成功模式造成的行为惯性和思维定式。

创新所释放出来的生产力及其创造出来的市场价值推动了产业和社会的不断进步,有效地避免了经济的衰退和社会动荡。创新不但是企业可持续发展的原动力,而且是推动社会进步,避免暴力革命对社会造成伤害的有效途径。可以得到以下几个内涵:

(1)创新的核心就是创新思维,是指人类思维不断向有益于人类发展的方向动态化地改变。

(2)创新的关键就是改变,向新的方向、有效的方面进行量和质的变化。

(3)创新的结果有两种:其一是物质的,如蒸汽机、计算机;其二是非物质的,如新思想、新理论、新经验等。

(4)创新的特征:价值取向性;明确目的性;综合新颖性;高风险、高回报性。

(5)创新的作用有三点:①满足人类生存与发展的客观需要。②深化了人类对客观世界的认知。③提高了人类对客观世界的驾驭能力。

创新的内容包括理论创新、制度创新、科技创新、文化创新、企业创新及其他创新。它们彼此之间有着相互作用和联系,理论创新是指导,制度创新是保障,科技创新是动力,文化创新是智力支持。它们相互促进,密不可分。

创新的主体是人类。这里人类包含两层含义,一是指个人(如自然人的发明创造,像爱迪生等);二是指团体或组织(如国家创新体系的建立)。创新的客体是客观世界,包括自然科学、社会科学以及人类自身思维规律。

创新突出体现在三大领域:学科领域——表现为知识创新;行业领域——表现为技术创新;职业领域——表现为制度创新。

人类所做的一切事物都存在创新,创新遍布人类的方方面面,如观念、知识、技术的创新,政治、经济、商业、艺术的创新,工作、生活、学习、娱乐、衣、食、住、行、通信等领域的创造创新,而不仅仅是技术领域的事情,尽管技术创新对人类的生产生活有决定性意义。何道谊认为事物创新—仿复模型具有普遍适用性,在这一模型下生产力由学习能力、创新能力和仿复能力决定,生产力公式为:生产力=(学习能力+创新能力)×仿复能力。仿复能力指仿照一定的模式进行复制、复做的能力,如企业的年生产能力、年服务接待人次能力。何道谊在《技术创新、商业创新、企业创新与全方面创新》中提出并论述了全方面创新和大研发概念。企业全方面创新分为:作为构成企业有机体的软系统的创新,包括战略创新、模式创新、流程创新、标准创新、观念创新、风气创新、结构创新、制度创新;作为企业不可或缺的基本要素的硬系统的创新,即人、财、物、技术、信息及其相关体系和管理的创新,如职责体系、权力体系、绩效评估体系、利益报酬体系、沟通体系的创新;通用管理职能的创新,包括目标、计划、实行、反馈、控制、调整六个基本的过程管理职能的创新和人力、组织、领导三个基本的对人管理职能的创新;企业业务职能的创新,如技术、设计、生产、采购、物流、营销、销售、人力、财务等专业业务职能的创新。由于科技的普遍适用性、连续进步的显著性和发展的长期累积性,科技创新是推动人类进步的根本性驱动力,所以研发通常指技术研发。企业创新不仅仅是产品技术的创新,而是各个方面的创新,那么,企业的研发也不仅仅是产品技术的研发,而是涵盖各个方面。

三、创新的原理与方法

(一)创新的原理

1. 综合原理

综合原理是在分析各个构成要素基本性质的基础上,综合其可取的部分,使综合后所形成的整体具有优化的特点和创新的特征。

2. 组合原理

这是将两种或两种以上的学说、技术、产品的一部分或全部进行适当叠加和组合,用以形成新学说、新技术、新产品的创新原理。组合既可以是自然组合,也可以是人工组合,在自然界和人类社会中,组合现象是非常普遍的。

爱因斯坦曾说:"组合作用似乎是创造性思维的本质特征。"组合创新的机会是无穷的。有人统计了20世纪以来的480项重大创造发明成果,经分析发现三四十年代是以突破型成果为主而组合型成果为辅;五六十年代两者大致相当;从 80 年代起,则组合型成果占据主导地位。这说明组合原理已成为创新的主要方式之一。

3. 分离原理

分离原理是把某一创新对象进行科学的分解和离散,使主要问题从复杂现象中暴露出来,从而厘清创造者的思路,便于抓住主要矛盾。分离原理在发明创新过程中,提倡将事物打破并分解,它鼓励人们在发明创造过程中,冲破事物原有面貌的限制,将研究对象予以分离,创造出全新的概念和全新的产品。如隐形眼镜是眼镜架和镜片分离后的新产品。

4. 还原原理

还原原理要求我们要善于透过现象看本质,在创新过程中,能回到设计对象的起点,抓住问题的原点,将最主要的功能抽取出来并集中精力研究其实现的手段和方法,以取得创新的最佳成果。任何发明和革新都有其创新的原点。创新的原点是唯一的,寻根溯源找到创新原点,再从创新原点出发去寻找各种解决问题的途径,用新的思想、新的技术、新的方法重新创造该事物,从本原上面去解决问题,这就是还原原理的精髓所在。

5. 移植原理

这是把一个研究对象的概念、原理和方法运用于另一个研究对象并取得创新成果的创新原理。"他山之石,可以攻玉"就是该原理能动性的真实写照。移植原理的实质是借用已有的创新成果进行创新目标的再创造。

创新活动中的移植依重点不同,可以是沿着不同物质层次的"纵向移植";也可以是在同一物质层次内不同形态之间的"横向移植";还可以是把多种物质层次的概念、原理和方法综合引入同一创新领域中的"综合移植"。新的科学创造和新的技术发明层出不穷,其中有许多创新是运用移植原理取得的。

6. 换元原理

换元原理是指创造者在创新过程中采用替换或代换的思想或手法,使创新活动内容不断展开、研究不断深入的原理。它通常指在发明创新过程中,设计者可以有目的、有意义地去寻找替代物,如果能找到性能更好、价格更省的替代品,这本身就是一种创新。

7. 迂回原理

迂回原理很有实用性。创新在很多情况下,会遇到许多暂时无法解决的问题。迂回原理鼓励人们开动脑筋、另辟蹊径。不妨暂停在某个难点上的僵持状态,转而进入下一步行动或进入另外的行动,带着创新活动中的这个未知数,继续探索创新问题,不要钻牛角尖、走死胡同。因为有时通过解决侧面问题或外围问题以及后继问题,可能会使原来的未知问题迎刃而解。

8. 逆反原理

逆反原理首先要求人们敢于并善于打破头脑中常规思维模式的束缚,对已有的理论方法、科学技术、产品实物持怀疑态度,从相反的思维方向去分析、去思索,去探求新的发明创造。实际上,任何事物都有着正反两个方面,这两个方面同时相互依存于一个共同体中。人们在认识事物的过程中,习惯于从显而易见的正面去考虑问题,因而阻塞了自己的思路。如果能有意识、有目的地与传统思维方法"背道而驰",往往能得到极好的创新成果。

9. 强化原理

强化就是对创新对象进行精炼、压缩或聚焦,以获得创新的成果。强化原理是指在创新活动中,通过各种强化手段,使创新对象提高质量、改善性能、延长寿命、增加用途,或使产品体积缩小、重量减轻、功能强化。

10. 群体原理

科学的发展,使创新越来越需要发挥群体智慧,才能有所建树。早期的创新多是依靠个人的智慧和知识来完成的,但随着科学技术的进步,要想"单枪匹马、独闯天下",去完成像人造卫星、宇宙飞船、空间实验室和海底实验室等大型高科技项目的开发设计工作,是不可能的。这就需要创造者们能够摆脱狭窄的专业知识范围的束缚,依靠群体智慧的力量、依靠科学技术的交叉渗透,使创新活动从个体劳动的圈子中解放出来,焕发出更大的活力。

在创新活动中,创新原理是运用创造性思维,分析问题和解决问题的出发点,也是人们使用何种创造方法、采用何种创造手段的凭据。因此,掌握创新原理,是人们取得创新成果的先决条件。但创新原理不是包治百病的"万应灵丹",不能指望在浅涉创新原理之后,就能对创新方法了如指掌并使用自如,就能解决创新的任何问题。只有在深入学习并深刻理解创新原理的基础上,人们才有可能有效地掌握创新方法,也才有可能成功地开展创新活动。

(二)创新方法

创新方法一直为世界各国所重视,在美国被称为创造力工程,在日本被称为发明技法,在俄罗斯被称为创造力技术或专家技术。我国学者认为创新方法是科学思维、科学方法和科学工具的总称。其中,科学思维是一切科学研究和技术发展的起点,始终贯穿于科学研究和技术发展的全过程,是科学技术取得突破性、革命性进展的先决条件。科学方法是人们进行创新活动的创新思维、创新规律和创新机理,是实现科学技术跨越式发展和提高自主创新能力的重要基础。科学工具是开展科学研究和实现创新的必要手段和媒介,是最重要的科技资源。由此可见,创新方法既包含实现技术创新的方法,也包含实现管理创新的方法。

创新方法包含试错法、六项思考帽法、头脑风暴法、六西格玛、TRIZ 等。

1. 试错法

试错法是一种通过不断试验和消除误差,探索具有黑箱性质的系统的方法。这种方法在动物的行为中是不自觉地应用的,在人的行为中则是自觉的。试错法是纯粹经验的学习方法。应用试错法的主体通过间断地或连续地改变黑箱系统的参量,试验黑箱所做出的应答,以寻求达到目标的途径。主体行为的成败是用它趋近目标的程度或达到中间目标的过程评价的。趋近目标的信息反馈给主体,主体就会继续采取成功的行为方式;偏离目标的信息反馈给主体,主体就会避免采取失败的行为方式。通过这种不断的尝试和不断的评价,主体就能逐渐达到所要追求的目标。

2. 六项思考帽法

六项思考帽法是英国学者爱德华·德·博诺博士开发的一种思维训练模式,或者说是一个全面思考问题的模型。它提供了"平行思维"的工具,避免将时间浪费在互相争执上。它强调的是"能够成为什么",而非"本身是什么",寻求一条向前发展的路,而不是争论谁对谁错。运用德·博诺的六项思考帽法,将会使混乱的思考变得更清晰,使团体中无意义的争论变成集思广益的创造,使每个人变得富有创造性。

3. 头脑风暴法

头脑风暴法是将少数人召集在一起,以会议的形式,对某一个问题进行自由的思考和联想,提出各自的设想和提案,所有参与者不准对其他人言论的正确性或准确性进行任何评价的一种讨论方法。这种方法能将团队的智慧有效地结合利用起来,对于企业组织的决策具有重要意义,从而深受管理者的青睐。

4. 六西格玛

六西格玛是一种管理策略,由工程师比尔·史密斯于1986年提出。这种策略主要强调制定极高的目标、收集数据以及分析结果,通过这些来减少产品和服务的缺陷。六西格玛背后的原理就是,如果检测到项目中有多少缺陷,就可以找出如何系统地减少缺陷,使项目尽量完美的方法。六西格玛在20世纪90年代中期开始被GE从一种全面质量管理方法演变成一个高度有效的企业流程设计、改善和优化的技术,并提供了一系列同等适用于设计、生产和服务的新产品开发工具。

5. TRIZ

TRIZ是发明问题的解决理论。该理论源于苏联,于1946年由著名的教育家、发明家根里奇·阿奇舒勒及其团队在分析专利的基础上总结而成并最先提出。因其在不同技术领域发挥的巨大作用,TRIZ成为苏联的最高国家机密,被西方国家誉为"神奇的点金术"。苏联解体后,TRIZ传播至欧美国家及日本和韩国等地,并得到了进一步发展,逐渐成为各国实现创新的制胜法宝。TRIZ之所以被世界各国所推崇,是因为其源于前人的实践,是从辩证唯物主义出发,应用进化论的观点,浓缩数百万份世界各国优秀专利后所揭示出的创新问题的内在规律,并由此形成了一套强有力的技术创新理论、方法和工具。TRIZ拥有4大分离方法、8大进化法则、40个发明原理、76个标准解和101个科学效应库等工具,拥有矛盾分析法、物场分析法、How to模型和功能分析法等分析模型。其中,TRIZ的思维方法和问题分析方法可以有效地打破思维惯性,使人们从传统的思维中解放出来,从更广阔的视角看待问题,快速发现问题的本质;"最终理想解"指明解决问题的目标所在,明确解决问题的方向,从而有效避免盲目性;系统进化法则可以帮助人们认清技术系统的进化规律,并预测产品与服务的未来;分析模型可以帮助人们正确定义问题的矛盾,细致梳理产生矛盾的过程和原因,保证有效彻底地解决问题。此外,TRIZ还可与其他优秀的创新方法如六西格玛、头脑风暴法、模糊前端技术、质量功能展开等方法或理论结合使用。TRIZ自身也在进一步发展完善,主要应用于工程技术领域,但也在向社会科学领域发展和渗透。TRIZ所揭示的规律和提供的工具具有一定的普适性,从事任何行业的人在学习过TRIZ后都会受益匪浅。

四、创新的意义

创新是一个民族进步的灵魂,是一个国家兴旺发达的不竭动力,也是中华民族最深沉的民族禀赋。在激烈的国际竞争中,唯创新者进,唯创新者强,唯创新者胜。当今国际社会是一个飞速发展的时代,创新精神显得尤为重要。只有拥有创新精神的国家,才能让自己立于世界强国之林。市场是无情的,竞争是残酷的,只有坚持创新,个人才能体现价值,企业才能获得优势,国家才能繁荣富强。

没有创新的企业是没有希望的企业,开拓创新的重要性体现在两个方面:

(1)优质高效需要开拓创新。

①服务争优要求开拓创新;

②盈利增加仰仗开拓创新;

③效益看好需要开拓创新。

(2)事业发展依靠开拓创新。

①创新是事业快速、健康发展的巨大动力;

②创新是事业竞争取胜的最佳手段;

③创新是个人事业获得成功的关键因素。

对大学生而言,创新意识和创新能力有着非凡的意义:

(1)创新意识和创新能力是大学生素质教育的核心。

创新意识和创新能力是人的综合能力的外在表现,它是以深厚的文化底蕴、高度综合化的知识、个性化的思想和崇高的精神境界为基础的。心理学领域的最新研究也表明,创新意识和创新能力是一种认识、人格、社会层面的综合体,涉及人的心理、生理、智力、思想、人格等诸多方面,并且和这些方面相辅相成,创新意识和创新能力能巩固和丰富人的综合素质。

(2)创新意识和创新能力是大学生获取知识的关键。

在知识经济时代,知识的增长率加快,知识的陈旧周期不断缩短,知识转化的速度猛增。在这种情形下,知识的接受变得并不重要,重要的是知识的选择、整合、转换和操作。学生最需要掌握的是那些包摄面广、迁移性强、概括程度高的核心知识,而这些知识并不是靠言语所能传授的,它只能通过学生主动地构建和再创造而获得,这就需要大学生的创新意识和创新能力在其中主动地发挥作用。

(3)创新意识和创新能力是大学生终身学习的保证。

随着高等教育规模的不断扩大,高等教育职能正在由精英教育向素质教育转化,学习也正由阶段教育向终身教育转化,学习将成为个人生存、竞争、发展和完善的第一需要。在知识无限膨胀、陈旧周期迅速缩短的情况下,大学生的社会职业将变得更加不稳定。在创新意识和创新能力的指引下,大学生有能力在毕业之后,利用各种有利条件,根据所从事的工作不断完善自身的知识和能力结构,更好地达到完善自我和适应社会的目的,从而为终身教育打下坚实的基础。

  第二节　创新的基础与过程

一、如何创新

创新的道路并不是一帆风顺的,想要实现一个小创意、小方法也会遇到种种困难。创新的过程从不是一蹴而就的,在创新的过程中应坚定信心、不断进取,当创新活动误入歧途时,应调整方向,迫使自己"转向"或"紧急刹车"。个人不创新,会被公司淘汰;公司不创新,会被行业淘汰;行业不创新,会被社会淘汰;社会不创新,会被历史淘汰。

(一)开拓创新要有创造意识和科学思维

(1)强化创造意识:

①创造意识要在竞争中培养。

②要敢于标新立异:第一要有创新精神;第二要有敏锐的发现问题的能力;第三要有敢于

提出问题的勇气。

③要善于大胆设想:第一要敢想;第二要会想。

④创新的源泉:第一要有兴趣;第二要适合所从事的事业。

(2)确立科学思维:

①相似联想;

②发散思维;

③逆向思维;

④侧向思维;

⑤动态思维。

(二)开拓创新要有坚定的信心和意志

(1)坚定信心,不断进取;

(2)坚定意志,顽强奋斗;

(3)当创新活动误入歧途,需要调整方向时,能够强迫自己"转向"或"紧急刹车"。

二、创新的原则

创新的原则就是开展创新活动所依据的法则和判断创新构思所凭借的标准,包含以下几点。

1. 遵守科学原理原则

创新必须遵循科学技术原理,不得有违科学发展规律。因为任何违背科学技术原理的创新都是不能获得成功的。比如,近百年来,许多才思卓越的人耗费心思,力图发明一种既不消耗任何能量、又可源源不断对外做功的"永动机",但无论他们的构思如何巧妙,结果都逃不出失败的命运。其原因在于他们的创新违背了"能量守恒"的科学原理。为了使创新活动取得成功,在进行创新构思时,必须做到以下几点:

(1)对创新设想进行科学原理相容性检查。

创新的设想在转化为成果之前,应该先进行科学原理相容性检查。如果关于某一创新问题的初步设想,与人们已经发现并获实践检查证明的科学原理不相容,则不会获得最后的创新成果。因此,与科学原理是否相容,是检查创新设想有无生命力的根本条件。

(2)对创新设想进行技术方法可行性检查。

任何事物都不能离开现有的条件的制约。在设想变为成果之前,还必须进行技术方法可行性检查。如果设想所需要的条件超过现有技术方法可行性范围,则在目前该设想还只能是一种空想。

(3)对创新设想进行功能方案合理性检查。

任何创新的设想,在功能上都有所创新或有所增强。而一项设想的功能体系是否合理,关系到该设想是否具有推广应用的价值。因此,必须对其合理性进行检查。

2. 市场评价原则

为什么有的新产品登上商店柜台却渐渐销声匿迹了呢?

创新设想要获得最后的成果,必须经受走向市场的严峻考验。爱迪生曾说:"我不打算发明任何卖不出去的东西,因为不能卖出去的东西都没有达到成功的顶点。能销售出去就证明了它的实用性,而实用性就是成功。"

创新设想经受市场考验,实现商品化和市场化要按市场评价的原则来分析。其评价通常是从市场寿命观、市场定位观、市场特色观、市场容量观、市场价格观和市场风险观六个方面入手,考察创新对象的商品化和市场化的发展前景,而最基本的要点则是考察该创新对象的使用价值是否大于它的销售价格,也就是要看它的性能、价格是否优良。但在现实中,要估计一种新产品的生产成本和销售价格不难,而要估计一种新发明的使用价值和潜在意义则很难。这需要在市场评价时把握住评价事物使用性能最基本的几个方面,然后在此基础上做出结论:

(1)解决问题的迫切程度;
(2)功能结构的优化程度;
(3)使用操作的可靠程度;
(4)维修保养的方便程度;
(5)美化生活的美学程度。

3. 相对较优原则

创新不可盲目追求最优、最佳、最美、最先进。创新产物不可能十全十美。在创新过程中,利用创新原理和方法,获得许多创新设想,它们各有千秋,这时,就需要人们按相对较优的原则,对设想进行判断选择。

(1)从创新技术先进性上进行比较选择。

可从创新设想或成果的技术先进性上进行各自之间的分析比较,尤其是应将创新设想同解决同样问题的已有技术手段进行比较,看谁领先和超前。

(2)从创新经济合理性上进行比较选择。

经济的合理性也是评价判断一项创新成果的重要因素,所以对各种设想的可能经济情况要进行比较,看谁合理和节省。

(3)从创新整体效果性上进行比较选择。

技术和经济应该相互支持、相互促进,它们的协调统一构成事物的整体效果性。任何创新的设想和成果,其使用价值和创新水平主要是通过它的整体效果体现出来。因此,对它们的整体效果要进行比较,看谁全面和优秀。

创新只要效果好,机理越简单越好。

4. 机理简单原则

在现有科学水平和技术条件下,如不限制实现创新方式和手段的复杂性,所付出的代价可能远远超出合理程度,使得创新的设想或结果毫无使用价值。在科技竞争日趋激烈的今天,结构复杂、功能冗余、使用烦琐已成为技术不成熟的标志。因此,在创新的过程中,要始终贯彻机理简单原则。为使创新的设想或结果更符合机理简单的原则,可进行如下检查:

(1)新事物所依据的原理是否重叠,是否超出应有范围。
(2)新事物所拥有的结构是否复杂,是否超出应有程度。
(3)新事物所具备的功能是否冗余,是否超出应有数量。

5. 构思独特原则

我国古代军事家孙子在其名著《孙子兵法·势篇》中指出:"凡战者,以正合,以奇胜。故善出奇者,无穷如天地,不竭如江河。"所谓"出奇",就是思维超常和构思独特。创新贵在独特,创

新也需要独特。在创新活动中,关于创新对象的构造是否独特,可以从以下几个方面来考察:

(1)创新构思的新颖性;

(2)创新构思的开创性;

(3)创新构思的特色性。

6. 不轻易否定、不简单比较原则

不轻易否定、不简单比较原则是指在分析评判各种产品创新方案时应注意避免轻易否定的倾向。在飞机发明之前,科学界曾从"理论"上进行了否定的论证;过去也曾有权威人士断言,无线电波不可能沿着地球曲面传播,无法成为通信手段。显然,这些结论都是错误的,这些不恰当的否定之所以出现,是由于人们运用了错误的"理论",而更多的不应该出现的错误否定则是由于人们的主观武断,给某项发明规定了若干用常规思维分析证明无法达到的技术细节的结果。

在避免轻易否定倾向的同时,还要注意不要随意在两个事物之间进行简单比较。不同的创新,包括非常相近的创新,原则上不能以简单的方式比较其优劣。

不同创新不能简单比较的原则,带来了相关技术在市场上的优势互补,形成了共存共荣的局面。创新的广泛性和普遍性都源于创新具有的相容性。如市场上常见的钢笔、铅笔就互不排斥,即使都是铅笔,也有普通木质的铅笔和金属或塑料杆的自动铅笔之分,它们之间也不存在排斥的问题。

总之,应在尽量避免盲目地、过高地估计自己的设想的同时,注意珍惜别人的创意和构想。简单的否定与批评是容易的,闪烁着希望的创新构想是难得的。

以上是在创新活动中要注意并切实遵循的创新原则,这都是根据千百年来人类创新活动成功的经验和失败的教训提炼出来的,是创新智慧和方法的结晶。它体现了创新的规律和性质,按创新原则去创新并非束缚你的思维,而是把创新活动纳入安全可靠、快速运行的大道上来。

在创新活动中遵循创新原则是提升创新能力的基本要素,是攀登创新云梯的基础,有了这个基础就把握了开启创新大门的"金钥匙"。

三、创新的过程

不少杰出的创新都留下了动人的传说:瓦特看到壶盖被蒸汽顶起而发明了蒸汽机;牛顿被下落的苹果砸了头而发现了万有引力;门捷列夫玩纸牌时想出了元素周期表……如果创新如此简单,创造学就实在是不用学了。我们研究创新的过程,是把过程看得比结果更为重要。创新是由创新思维的过程所决定的,而结果仅是过程的成功产物。但是,在教育上的一个缺陷是注重创新成果的渲染,而对创新的过程却讲得不多,甚至导致人们对创新的误解。

创新的"四阶段理论"是一种影响最大、传播最广,而且具有较大实用性的过程理论,由英国心理学家沃勒斯提出。该过程理论认为创新的发展分四个阶段:准备期、酝酿期、明朗期和验证期。

1. 准备期

准备期是准备和提出问题阶段。一切创新是从发现问题、提出问题开始的。问题的本质是现有状况与理想状况的差距。爱因斯坦认为:"形成问题通常比解决问题还要重要,因为解决问题不过牵涉到数学上的或实验上的技能而已,然而明确问题并非易事,需要有创新性和想象力。"他还认为,对问题的感受性是人的重要的资质。准备期还可分为下列三步,力求使问题概念化、形象化和具有可行性。

①对知识和经验进行积累和整理;

②搜集必要的事实和资料;

③了解自己提出的问题的社会价值,能满足社会的何种需要及价值前景。

2. 酝酿期

酝酿期也称沉思和多方思维发散阶段。在酝酿期要对收集的资料、信息进行加工处理,探索解决问题的关键,因此常常需要耗费很长时间,花费巨大精力,它是大脑高强度活动时期。这一时期,要从各个方面如纵横、正反等去进行思维发散,让各种设想在头脑中反复组合、交叉、撞击、渗透,按照新的方式进行加工。加工时应主动地使用创造性的方法,不断选择,力求形成新的创意。著名科学家彭加勒认为:"任何科学的创造都发端于选择。"这里的选择,就是充分地思索,让各方面的问题都充分地暴露出来,从而把思维过程中那些不必要的部分舍弃。创新思维的酝酿期,特别强调有意识的选择。彭加勒还说:"所谓发明,实际上就是鉴别,简单来说,也就是选择。"

为使酝酿过程更加深刻和广泛,还应注意把思考的范围从熟悉的领域扩大到表面上看起来没有什么联系的其他专业领域,特别是常被自己忽视的领域。这样,既有利于冲破传统思维方式和"权威"的束缚,打破成见,独辟蹊径,又有利于获得多方面的信息,利用多学科知识的交叉优势,在一个更高层次上把握创新活动的全局,寻找创新的突破口。有时也可把思考的问题暂时搁置一下,让习惯性思维被有意识地切断,以便产生新思维;再有,灵感思维的诱发规律告诉我们,大脑长时间兴奋后有意松弛,有利于灵感的闪现。

酝酿期的思维强度大,困难重重,常常百思不得其解,屡试难以成功,"山重水复疑无路"却又欲罢不能。此时良好的意志品质和进取型性格就显得格外重要,因为这是酝酿期取得进展直至突破的心理保证。

创造性思维的酝酿期通常是漫长的、艰巨的,也很有可能归于失败,但唯有坚持下去,方法合适,才是充满希望的。

3. 明朗期

明朗期即顿悟或突破期,寻找到了解决办法。明朗期很短促、很突然,呈猛烈爆发状态。久盼的创造性突破突然在瞬间实现,人们通常所说的"豁然开朗""众里寻他千百度,蓦然回首,那人却在,灯火阑珊处"等都是描述这种状态的。如果说"踏破铁鞋无觅处"描绘的是酝酿期的话,"得来全不费工夫"则是明朗期的形象刻画。在明朗期灵感思维往往起决定作用。这一阶段的心理状态是高度兴奋甚至感到惊愕,像阿基米德那样,因在入浴时获得灵感而裸身狂奔,欣喜呼喊:"我发现了!我发现了!"虽不多见,但完全可以理解。

4. 验证期

验证期是评价阶段,是完善和充分论证阶段。突然获得突破,飞跃出现在瞬间,结果难免稚嫩、粗糙甚至存在若干缺陷。验证期是把明朗期获得的结果加以整理、完善和论证,并且进一步进行充实。创新思维所取得的突破,假如不经过这个阶段,创新成果就不可能真正取得。论证一是理论上验证,二是放到实践中检验。

验证期的心理状态较平静,但需耐心、周密、慎重,不急于求成和不急功近利是很关键的。

案例分享　华为的创新之路

华为技术有限公司(以下简称"华为")成立于 1987 年,得益于改革开放,经过 30 多年的拼搏努力,我们把华为这艘大船划到了"与世界同步的起跑线"上。华为从小到大、从大到强、从国际化到全球化的全过程,就是基于创新的成功。

一、华为的挑战:当前信息产业的发展瓶颈

70 年来,信息产业的创新主要是"工程创新";进入 21 世纪以来,科技创新层出不穷。但众所周知,信息产业经历了 40 多年的高速发展,如今遇到了发展瓶颈。

(1)理论瓶颈。现在的创新主要是把几十年前的理论成果,通过技术和工程创新转换成市场需要的产品。信息通信领域的基础理论——"香农定律",是 71 年前,1948 年发表的;而 5G 时代,编码几乎达到了"香农定律"的极限。

(2)工程瓶颈。"摩尔定律"驱动了信息和通信技术(ICT)产业的高速发展,但目前也暂时遇到了工程瓶颈。

华为当前已逐步进入了"无人区"。面向未来,将如何突破这些瓶颈?华为面临着巨大挑战。

二、华为创新 1.0:基于客户需求的技术和工程创新

华为过去 30 年的成功,是基于客户需求的工程、技术、产品和解决方案创新的成功。主要创新点有:

1.遵循全球主流标准,搭"大船"出"大海"

只有主流标准才能孕育大产业,才能成为领先者。华为采用世界最先进的技术、零部件、软件及平台,站在"巨人"的肩膀上,与顶尖"高手"过招,才能更快进步,才能取得行业技术主导权。

(1)华为积极参与国际产业组织及标准组织,加入全球 400 多个产业组织,如 3GPP、AII、IIC、ECC、LF、TMF 等;

(2)华为担任了 400 多个重要的职位,如 IEEESA、BBF、ETSI、TMF、Linaro、Openstack、OPNFV 和 CCSA 等董事会成员;

(3)华为在全球拥有 8 万多件授权专利,其中很多基础和核心专利被标准组织广泛使用,华为是 5G 标准的最大贡献者。

2.以客户需求为牵引,创立联合创新中心

以欧洲市场为例,该市场的成功拓展奠定了华为国际一流公司的地位,而其成功的原因就是基于客户需求的创新。欧洲市场是国际主流通信设备公司的本土市场,低价竞争只会扰乱市场,只有技术领先和创新才可能被欧洲领先运营商所选择。华为站在客户视角,站在帮助客户商业成功的角度主动创新。

2005 年,华为突破传统基站的模式,开发了业界第一款分布式基站,解决了站址难找、安装困难、耗电和运维成本高等一系列难题,更快、更便宜地建设移动网络。

2007 年,华为又在业界率先推出了 SingleRAN(单一无线接入网)基站,实现 2G、3G 基站合一(现在可以 2G、3G、4G、5G 合一)……这些系列化的创新,其价值不仅仅是帮助运营商降低30%总拥有成本(TCO),更是极大地降低了网络建设的门槛,提高了建网速度。这些产品和解决方案的巨大技术和商业优势,使得欧洲厂商不得不跟随华为,也推出类似的产品,从而这些产品成了行业的事实标准并引领了无线产业的发展方向。

此外,2006年华为与沃达丰(Vodafone)公司建立了第一个联合创新中心,真正从客户战略、产品方案、商业模式、产业发展等各方面与客户深度合作创新,牵引客户需求,共同解决行业面临的挑战和难题,实现商业成功。发展到今天,华为与客户和合作伙伴建立了遍及全球的36个联合创新中心。

3. 开放式创新,利用全球资源,与合作伙伴共建共享

围绕着全球技术要素及资源,华为在全球建立了超过16个研发中心,60多个基础技术实验室,包括材料、散热、数学、芯片、光技术等。我们围绕着全球人才和资源,建立研究中心。

产业的竞争,也是产业联盟之间的竞争,而产业联盟必须是开放的、先进的。2016年4月,在时任工业和信息化部副部长怀进鹏的领导和支持下,华为发起成立了绿色计算机产业联盟,共同拓展基于ARM的绿色计算机产业,目前已有国内外50多家成员单位。

为了推动各行各业的数字化转型的进程,华为还发起成立了跨行业、跨产业的全球产业组织(Global Industry Organization,GIO),共同推动数字化转型的框架、规范、标准和节奏,从抢蛋糕到做大蛋糕,做大产业空间。

4. 压强原则,厚积薄发

技术、解决方案创新背后是持续的研发投入。华为在研发领域的投资不惜成本,不仅投资于现在,同时投资于未来。

早在1996年,华为预研部就明确要求预研费用必须占研发费用的10%以上,现在提高到20%~30%,这意味着每年有20亿~30亿美元投入到前沿和基础技术研究。华为2018年研发费用达到150亿美元(1000多亿元人民币),在全球所有公司中排名前5位。

华为在全球现有超过8万研发人员,占总人数45%左右。我们看到的是产品,而冰山之下的核心技术才是产品竞争力的来源,包括数学、芯片设计、材料、散热等。

早在1991年,华为就设计了第一片ASIC芯片,并成立了芯片设计室,也就是今天的海思半导体有限公司(以下简称"海思")的前身。现在,海思的"麒麟990"是世界上最先进的5G手机芯片;其实早在2005年,海思就决定开发3G手机芯片了。今天看到的技术进步,都是研发长期的投入、压强原则和厚积薄发取得的。

华为有60多个基础技术实验室,700多名数学博士,200多名物理学和化学博士,这些都保障了持续的技术领先。

5. 管理的创新

创新不是漫无目的的布朗运动,创新是可以被管理的活动。从1997年开始,华为构建了研发、供应链、财经、人力资源、市场等国际化的并经过最佳实践证明了的流程体系,从而奠定了华为走向世界的管理基础。同时,确保了华为的运行和创新是有序的,通过确定性的流程和方法来应对创新的不确定性。

6. 与科研院所的合作

开放合作,共同研究,以及把大家及科研机构的成果,通过产品转化成商业成功,这里要特别感谢中国科学院对华为的帮助和支持。2011年以来,在芯片、人工智能(AI)、计算机等领域,华为与中国科学院34家合作单位开展了286项合作。

三、华为创新的未来之路

以上案例是基于客户需求的工程、技术和解决方案的创新,也即创新1.0。今天信息产业遇到瓶颈的根源,在于理论创新的滞后,没有理论的创新,很难突破技术的瓶颈。面向未来,华为的创新该如何进行?

1. 预判:人类将进入智能社会

我们认为未来20~30年人类社会将演变成一个智能社会,智能社会有3个特征——万物感知、万物互联、万物智能。

在智能社会,万物可感,感知物理世界,并转变为数字信号;网络联接万物,将所有数据实现在线联接;基于大数据和人工智能的应用将实现万物智能。由于有了先进的ICT技术,这三大特征才能实现。ICT基础设施(如5G、物联网、AI等)将是智能世界的基石。

2. 基础:理想主义与现实主义的结合

华为将从客户需求出发,进行产品的研发,同时以未来趋势为判断依据。通过战略务虚会,多路径开发试错,"红军""蓝军"对抗等,深入到技术的"根";同时,通过愿景和假设以及先进技术驱动开发,实现理想主义和现实主义双轮驱动的创新。

3. 路径:从"创新"到"发明"

面向未来,华为的创新将从基于客户需求的技术和工程、产品和解决方案的创新的1.0时代,迈向基于愿景驱动的理论突破和基础技术发明的创新2.0时代。

创新1.0的核心理念是基于客户需求和挑战,是技术创新、工程创新,是产品与解决方案的创新,是"从1到N"的创新。核心是帮助客户和合作伙伴增强竞争力,帮助客户增加收益或者降低成本,帮助客户实现商业成功。过去,华为无论在无线、光网络,还是智能手机领域,都有大量的工程和技术创新,为客户带来了极大的商业价值以及产生了巨大的社会价值。

创新2.0的核心理念是基于对未来智能社会的假设和愿景,打破制约ICT发展的理论和基础技术瓶颈,是实现理论突破和基础技术发明的创新,是实现"从0到1"的创新。

4. 思想理念:开放式创新,包容式发展

华为创新2.0的核心是基于愿景的理论突破和基础技术的发明,而理论突破和基础技术发明源头之一是学术界;同时,工业界提出的挑战和向大学、研究机构进行研究的投资是助推器。理论突破和技术发明的不确定性非常高,这种不确定性的性质就决定了不能是封闭的创新。

因此,大学和研究机构、学术界、工业界要联合起来,共同推动,即利用全球科研资源和人才进行合作创新。为此,华为成立了战略研究院,统筹创新2.0的落地,确保华为不迷失方向,不错失机会。

5. 方法论:愿景假设+技术突破

华为从愿景假设出发,研究未来智能世界,研究未来人们如何生活、工作、娱乐、健康等,提出问题,带着问题找技术,带着问题捕捉未来的技术方向和商业机会,孵化出新产业。同时,进行大胆假设。比如,未来10年提升100倍宽带,达到100倍的计算能力,或是100倍的超越人的感官……在此基础上,规划华为的技术要素。

6. 流程:以"信息为中心",增加布局"突变的技术"

围绕信息的全流程,研究和发掘未来的技术,从信息的产生、存储、计算、传送、呈现,一直到信息的消费。比如,显示领域的光场显示,计算领域的类脑计算、DNA存储、光子计算,传送领域的可见光通信等,以及基础材料和基础工艺领域的超材料、原子制造等。一侧是延长线上的技术创新,另一边是突变的技术创新。

7. 战略举措:大学及科研机构合作,技术投资

正如中国科学院院长白春礼所说:当今世界满足人类发展的需求以及解决所面临的问题,更需要汇集全人类的智慧和创新能力。加强基础研究、促进科学进步是解决这些问题的关键。工业界的参与不仅帮助高校和科研机构加快研究成果的商业落地,同时把工业界的挑战和真实场景、需求,与科学家分享,这对研究方向是极大的促进作用。

华为将采取"支持大学及科研机构的研究、自建实验室、多路径技术投资"等多种方式实现创新2.0。把工业界的问题、学术界的思想、风险资本的信念,整合起来,共同创新。创新成果为全人类、全产业所共享,点亮世界,点亮华为。

华为的愿景和使命是,"把数字世界带入每个人,每个家庭,每个组织,构建万物互联的智能世界"。这意味着我们将继续开放、合作,与全球科学家、研究机构、伙伴、产业一起共建未来的智能世界。

(资料来源:徐文伟.从追赶到领先——华为的创新之路[J].中国科学院院刊,2019,34(10):1108-1111.有改动)

拓展活动　普林斯顿创造力测试

美国普林斯顿创造才能研究公司总经理、心理学家尤金·劳德塞,根据几年来对善于思考、富有创造力的男女科学家、工程师和企业经理的个性和品质的研究,设计了下面这套简单的试题,测试者只要10分钟的时间,就可知道自己是否具有创造才能。当然,如果你需要慎重考虑一下,适当延长测试时间也不会影响测试效果。

测试时,只需要在每一句话后面,用一个字母表示你同意、不同意或不确定:

(1)同意的用A,不同意的用C,不确定的用B;

(2)回答必须准确、忠实,不要猜测。

测试题:

1. 我不做盲目的事,也就是我总是有的放矢,用正确的步骤来解决每一个具体问题。
2. 我认为,只提出问题而不想获得答案,无疑是浪费时间。
3. 无论什么事情,要我发生兴趣,总比别人困难。
4. 我认为,合乎逻辑的、循序渐进的方法,是解决问题的最好方法。
5. 有时,我在小组里发表的意见,似乎使一些人感到厌烦。
6. 我花费大量时间来考虑别人是怎样看待我的。
7. 做自认为正确的事情,比力求博得别人的赞同要重要得多。
8. 我不尊重那些做事似乎没有把握的人。
9. 我需要的刺激和兴趣比别人多。
10. 我知道如何在考验面前,保持自己的内心镇静。
11. 我能坚持很长一段时间解决难题。
12. 有时我对事情过于热心。

13. 在无事可做时,我倒常常想出好主意。
14. 在解决问题时,我常常单凭直觉来判断"正确"或"错误"。
15. 在解决问题时,我分析问题较快,而综合所收集的资料较慢。
16. 有时我打破常规去做我原来并未想到要做的事。
17. 我有收藏癖。
18. 幻想促进了我许多重要计划的提出。
19. 我喜欢客观而又理性的人。
20. 如果要我在本职工作之外的两种职业中选择一种,我宁愿当一个实际工作者,而不当探索者。
21. 我能与自己的同事或同行们很好地相处。
22. 我有较高的审美感。
23. 在我的一生中,我一直在追求着名利和地位。
24. 我喜欢坚信自己的结论的人。
25. 灵感与获得成功无关。
26. 争论时,使我感到最高兴的是,原来与我观点不一的人变成了我的朋友。
27. 我更大的兴趣在于提出新的建议,而不在于设法说服别人接受这些建议。
28. 我乐意独自一人整天"深思熟虑"。
29. 我往往避免做那种使我感到低下的工作。
30. 在评价资料时,我觉得资料的来源比其内容更为重要。
31. 我不满意那些不确定和不可预言的事。
32. 我喜欢一门心思苦干的人。
33. 一个人的自尊比得到他人敬慕更为重要。
34. 我觉得那些力求完美的人是不明智的。
35. 我宁愿和大家一起努力工作,而不愿意单独工作。
36. 我喜欢那种对别人产生影响的工作。
37. 在生活中,我经常碰到不能用"正确"或"错误"来加以判断的问题。
38. 对我来说,各得其所、各在其位是很重要的。
39. 那些使用古怪和不常用的词语的作家,纯粹是为了炫耀自己。
40. 许多人之所以感到苦恼,是因为他们把事情看得太认真了。
41. 即使遭到不幸、挫折和反对,我仍然能对工作保持原来的精神状态和热情。
42. 想入非非的人是不切实际的。
43. 我对"我不知道的事"比"我知道的事"印象更深刻。
44. 我对"这可能是什么"比"这是什么"更感兴趣。
45. 我经常为自己在无意之中说话伤人而闷闷不乐。
46. 纵使没有报答,我也乐意为新颖的想法而花费大量时间。
47. 我认为,"出主意没什么了不起"这种说法是中肯的。
48. 我不喜欢提出那种显得无知的问题。
49. 一旦任务在肩,即使受到挫折,我也要坚决完成。
50. 从下面描述人物性格的形容词中,挑选出 10 个你认为最能说明你性格的词:

精神饱满的	乐意助人的	脾气温顺的	复杂的
有说服力的	坚强的	可预言的	漫不经心的
实事求是的	老练的	拘泥形式的	柔顺的
虚心的	有克制力的	不拘礼节的	创新的
观察力敏锐的	热情的	有理解力的	实干的
谨慎的	时髦的	有朝气的	泰然自若的
束手束脚的	自信的	严于律己的	渴求知识的
足智多谋的	不屈不挠的	精干的	好交际的
自高自大的	有远见的	讲实惠的	善良的
有主见的	机灵的	感觉灵敏的	孤独的
有献身精神的	好奇的	无畏的	不满足的
有独创性的	有组织力的	严格的	易动感情的
性急的	铁石心肠的	一丝不苟的	
高效的	思路清晰的	谦逊的	

测试完毕,请按照公布的答案统计分数!
答题纸如表1-1所示。

表1-1 答题纸

题号	A:同意	B:不确定	C:不同意
1			
2			
3			
4			
5			
6			
7			
8			
9			
10			
11			
12			
13			
14			
15			
16			
17			
18			
19			

续表

题 号	A:同意	B:不确定	C:不同意
20			
21			
22			
23			
24			
25			
26			
27			
28			
29			
30			
31			
32			
33			
34			
35			
36			
37			
38			
39			
40			
41			
42			
43			
44			
45			
46			
47			
48			
49			
50			

计分方法如表 1-2 所示。

表 1-2 计分方法

题　号	A:同意	B:不确定	C:不同意
1	0	1	2
2	0	1	2
3	4	1	0
4	−2	0	3
5	2	1	0
6	−1	0	3
7	3	0	−1
8	0	1	2
9	3	0	−1
10	1	0	3
11	4	1	0
12	3	0	−1
13	2	1	0
14	4	0	−2
15	−1	0	2
16	2	1	0
17	0	1	2
18	3	0	−1
19	0	1	2
20	0	1	2
21	0	1	2
22	3	0	−1
23	0	1	2
24	−1	0	2
25	0	1	3
26	−1	0	2
27	2	1	0
28	2	0	−1
29	0	1	2
30	−2	0	3
31	0	1	2
32	0	1	2

续表

题 号	A：同意	B：不确定	C：不同意
33	3	0	−1
34	−1	0	2
35	0	1	2
36	1	2	3
37	2	1	0
38	0	1	2
39	−1	0	2
40	2	1	0
41	3	1	0
42	−1	0	2
43	2	1	0
44	2	1	0
45	−1	0	2
46	3	2	0
47	0	1	2
48	0	1	3
49	3	1	0
50	2分	1分	0分	
	精神饱满的 观察力敏锐的 不屈不挠的 柔顺的 足智多谋的 有主见的 有献身精神的 有独创性的 感觉灵敏的 无畏的 创新的 好奇的 有朝气的 热情的 严于律己的	自信的 有远见的 不拘礼节的 不满足的 一丝不苟的 虚心的 机灵的 坚强的	有说服力的 实事求是的 谨慎的 束手束脚的 自高自大的 性急的 高效的 乐意助人的 老练的 有克制力的 时髦的 有组织力的 铁石心肠的 思路清晰的 脾气温顺的 可预言的	拘泥形式的 有理解力的 精干的 讲实惠的 严格的 谦逊的 复杂的 漫不经心的 实干的 泰然自若的 渴求知识的 好交际的 善良的 孤独的 易动感情的

结果解释如表1-3所示。

表1-3 结果解释

累 计 分 数	创 造 才 能
110～140	创造性非凡
85～109	创造性很强
56～84	创造性强
30～55	创造性一般
15～29	创造性弱
－21～14	无创造性

第二章 创新能力培养

第一节 创新能力概述

创新能力是动物本能,也是人类各种能力中的一种能力的诠释或代称,如果将人类的各种能力分级的话,那么创新能力是各种能力中的最高级别。创新能力,是由"创新"和"能力"两个名词共同构成的。

创新能力,按更习惯的说法,也称为创新力。创新能力按主体分,最常提及的有国家创新能力、区域创新能力、企业创新能力等,并且存在多个衡量创新能力的创新指数的排名。

在20世纪二三十年代,福特汽车公司以大规模生产黑色轿车独领风骚十余载,但随着时代变迁,消费者的消费需求也发生着变化,人们希望有更多的品种、更新的款式、更加节能降耗的轿车,而福特汽车公司的产品,不仅颜色单调,而且耗油量大、废气排放量大,完全不符合日益紧张的石油供应和日趋紧迫的环境治理的客观要求。此时,通用汽车公司和其他几家公司则紧扣市场脉搏,制定出正确的战略规划,生产节能降耗、小型轻便的汽车,在20世纪70年代的石油危机中,后来居上,使福特汽车公司一度濒临破产。所以,福特公司前总裁亨利·福特深有体会地说:"不创新,就灭亡。"而中国乐凯胶片公司则在以柯达、富士为代表的几家经济技术实力相当雄厚的大跨国公司对手面前,不断增强创新意识,把当前世界名牌拳头产品的质量目标作为赶超目标,把学习应用国外照相科学的最新科技成果作为赶超手段,不断提高自己的创新水平,一度使乐凯胶卷的国内市场占有率达到25%,仅次于富士,名列第二。这是企业创新能力的突出体现和成功实践。

美国经济学家熊彼特认为,创新就是"建立一种新的生产函数",即把一种从来没有过的关于生产要素和生产条件的新组合引入生产体系。中国学者认为,创新是指以现有的思维模式提出有别于常规或常人思路的见解为导向,利用现有的知识和物质,在特定的环境中,本着理想化需要或为满足社会需求,而改进或创造新的事物,并能获得一定有益效果的行为。管理大师彼得·德鲁克则指出:"创新的行动就是赋予资源以创造财富的新能力。事实上,创新创造出新资源……凡是能改变已有资源的财富创造潜力的行为,就是创新。"

因此,企业创新能力就是企业在市场中将企业要素资源进行有效的内在变革,从而提高其内在素质,驱动企业获得更多的与其他竞争企业的差异性的能力,这种差异性最终表现为企业在市场上所能获得的竞争优势。企业创新能力的提升是企业竞争力提高的标志。创新能力的高低,直接关系到一个企业竞争力的强弱。创新能力强的企业,竞争力也强,反之则反。

提起企业创新，人们往往联想到技术创新和产品创新，其实企业创新的形态远不止这些。一般地，企业创新主要有发展战略创新、产品（服务）创新、技术创新、组织与制度创新、管理创新、营销创新、文化创新等。

1. 发展战略创新

发展战略创新是对原有的发展战略进行变革，是为了制定出更高水平的发展战略。要实现企业发展战略创新，就要制定新的经营内容、新的经营手段、新的人事框架、新的管理体制、新的经营策略等。

企业普遍面临发展战略创新的任务。例如，当前有些企业经营策略明显过时，有些企业经营范围明显过宽，有些企业经营战线明显过长，还有些企业经营内容本来就与自身特长严重脱节。诸如此类的企业如果不重新定位，发展前景堪忧。再如，很多企业都需要重新解决靠什么经营的问题。靠垄断地位？靠行政保护？靠资金实力？靠现有技术？这些恐怕都逐渐靠不住了，为了从根本上改善经营状况，只能另谋新的依靠。

2. 产品（服务）创新

这对于生产企业来说，是产品创新；对于服务行业而言，主要是服务创新。例如手机在短短的几年时间已从模拟机发展到数字机、可视数字机、可以上网和可以拍照的手机等。手机的更新换代，生动地告诉我们产品的创新是多么迅速。

3. 技术创新

技术创新是企业发展的源泉、竞争的根本。就一个企业而言，技术创新不仅指商业性地应用自主创新的技术，还可以是创新地应用合法取得的、他方开发的新技术或已进入公有领域的技术，从而创造市场优势。例如沃尔玛（Walmart）1980年就在全球率先试用条形码即通用产品代码（UPC）技术，结果使收银员的效率提高了50%，并极大地降低了经营成本。

4. 组织与制度创新

组织与制度创新主要有三种。一是以组织结构为重点的变革和创新，如重新划分或合并部门、组织流程改造、改变岗位及岗位职责、调整管理幅度等。二是以人为重点的变革和创新，即改变员工的观念和态度，包括知识的更新、态度的变革、个人行为乃至整个群体行为的变革等。例如GE总裁韦尔奇在执政后就曾采取一系列措施来促进GE这家老企业重新焕发创新动力。有一个部门主管工作很得力，所在部门连续几年盈利，但韦尔奇认为他可以干得更好。这位主管不理解，韦尔奇建议其休假一个月，放下一切，等再回来时，变得就像刚接下这个职位，而不是已经做了4年。休假之后，这位主管果然调整了心态，像换了个人似的，对本部门工作有了新的思路和对策。三是以任务和技术为重点的创新，即对任务重新组合分配，并通过更新设备、技术创新等，来达到组织创新的目的。

5. 管理创新

世上没有一成不变的、最好的管理方法。管理方法往往因环境情况和被管理者的改变而改变，这种改变在一定程度上就是管理创新。例如英特尔（Intel）公司总裁葛洛夫（Andrew Grove）的管理创新就是因环境情况和被管理者的改变而改变：实行产出导向管理——产出不限于工程师和工人，也适用于行政人员及管理人员；在英特尔公司，工作人员不只对上司负责，也对同事负责；打破障碍，培养主管与员工的亲密关系等。

6. 营销创新

营销创新是指营销策略、渠道、方法、广告促销策划等方面的创新。

7. 文化创新

文化创新是指企业文化的创新。企业文化的与时俱进和适时创新,能使企业文化一直处于一种动态的发展过程。这样不仅仅可以维系企业的发展,更可以给企业带来新的历史使命和时代意义。

第二节　创新能力培养

创新力根源于深层的自我,包括人的一切快乐、热情、潜能,是产生创新型思想、灵感的源泉。创新能力培养包括创新意识培养、创新思维培养、学习能力培养、记忆能力培养、表达能力培养、决策能力培养、领导能力培养、协调能力培养、社交能力培养、创新品质培养等。这些方面都离不开主观能动性,只有不断加强主体性意识,才能激发出内在的创新源泉。

一、创新意识培养

1. 什么是创新意识

创新意识是指主体自觉进行创新的心理活动。它是创新素质结构中的动力系统,也是人们进行创新活动的出发点和内在动力。它支配着人们对创新实践活动的态度和行为,决定着态度和行为的方向和强度,具有较强的选择性和能动性,是创新素质结构中最重要的组成部分。

2. 创新意识的特征

(1)新颖性。创新意识或是为了满足新的社会需求,或是用新的方式更好地满足原来的社会需求,创新意识是求新意识。

(2)历史性。创新意识是以提高物质生活和精神生活水平需要为出发点的,而这种需要很大程度上受具体的社会历史条件制约。人们的创新意识激起的创造活动和产生的创造成果,应为人类进步和社会发展服务;创新意识必须考虑社会效果。

(3)差异性。人们的创新意识和他们的社会地位、环境氛围、文化素养、兴趣爱好、情感志趣等方面都有一定的联系,这些因素对创新意识的产生起到重大影响作用。而这些因素也因人而异,因此对于创新意识既要考察其社会背景,又要考察其文化素养和志趣动机。

3. 创新意识的表现形式

根据创新意识在创新实践中自觉程度的高低、指导力量的大小和持续时间的长短,可以将创新意识依次划分为 6 种表现形式,即:

(1)创新需要;

(2)创新动机;

(3)创新兴趣;

(4)创新理想;

(5)创新信念；

(6)创新世界观。

创新意识的培养和开发是培养创新人才的起点,只有注意从小培养主体的创新意识,才能为成长为创新人才打下良好的基础。教育部门应以此为教学改革的重点,一个具有创新意识的民族才有希望成为知识经济时代的科技强国。

4. 创新意识培养的意义

(1)创新意识是决定一个国家、民族创新能力最直接的精神力量。在今天,创新能力实际就是国家、民族发展能力的代名词,是一个国家和民族解决自身生存、发展问题能力大小的最客观和最重要的标志。

(2)创新意识促成社会多种因素的变化,推动社会的全面进步。创新意识根源于社会生产方式,它的形成和发展必然进一步推动社会生产方式的进步,从而带动经济的飞速发展,促进上层建筑的进步。创新意识进一步推动人的思想解放,有利于人们形成开拓意识、领先意识等先进观念；创新意识会促进社会政治向更加民主、宽容的方向发展,这是创新发展需要的基本社会条件。这些条件反过来又促进创新意识的扩展,更有利于创新活动的进行。

(3)创新意识能促成人才素质结构的变化,提升人的本质力量。创新实质上确定了一种新的人才标准,它代表着人才素质变化的性质和方向,它输出着一种重要的信息：社会需要充满生机和活力的人、有开拓精神的人、有新思想道德素质和现代科学文化素质的人。它客观上引导人们朝这个目标提高自己的素质,使人的本质力量在更高的层次上得以确证。它激发人的主体性、能动性、创造性的进一步发挥,从而使人自身的内涵获得极大的丰富和扩展。

二、创新思维培养

1. 创新思维的含义

创新思维是为解决实践问题而进行的具有社会价值的新颖而独特的思维活动。或者说,创新思维是以新颖独特的方式对已有信息进行加工、改造、重组,从而获得有效创意的思维活动和方法。

2. 创新思维的特性

创新思维具有两种特性：

(1)新颖性。创新的成果必须是前所未有的。

(2)价值性。创新的成果应是有益于社会进步的,能够带来经济效益和社会效益。

3. 创新思维过程

创新思维过程为:提出问题—搜集资料—展开联想—发散思路—提炼思路—选择思路。

4. 创新思维与一般思维的区别

创新思维之所以有别于一般思维而成为一种新的思维形式的主要特点是:思维形式的反常性、思维过程的辩证性、思维空间的开放性、思维成果的独创性和思维主体的能动性。

(1)思维形式的反常性,又经常体现为思维发展的突变性、跨越性或逻辑的中断,这是因为创新思维主要不是对现有概念、知识的循序渐进的逻辑推理的结果和过程,而是依靠灵感、直觉或顿悟等非逻辑思维形式。

(2)思维过程的辩证性,主要是指它既包含抽象思维,又包含非逻辑思维；既包含发散思维,又包含收敛思维;既有求同思维,又有求异思维,等等。由此形成创新思维的矛盾运动,从而推动创新思维的发展。创新思维实际上是各种思维形式的综合体。

(3)思维空间的开放性,主要是指创新思维需要多角度、全方位、宽领域地考察问题,而不再局限于逻辑的、单一的、线性的思维,形成开放式思维。

(4)思维成果的独创性,是创新思维的直接体现或标志,常常表现为创新成果的新颖性及唯一性。

(5)思维主体的能动性,表明了创新思维是创新主体的一种有目的的活动,而不是客观世界在人脑内简单、被动的直映,充分显示了人类活动的主动性和能动性。

5. 创新思维的训练方法

(1)脑力激荡法。脑力激荡法是最为人所熟悉的创意思维策略,该方法是由奥斯本于1938年所倡导的,此法强调集体思考的方法,着重互相激发思考,鼓励参加者于指定时间内,构想出大量的意念,并从中引发新颖的构思。脑力激荡法虽然主要以团体方式进行,但也可于个人思考问题和探索解决方法时,运用此法激发思考。该法的基本原理是:只专心提出构想而不加以评价;不局限思考的空间,鼓励想越多主意越好。

此后的改良式脑力激荡法是指运用脑力激荡法的精神或原则,在团体中激发参加者的创意。

(2)三三两两讨论法。此法可归纳为每两人或三人自由成组,在三分钟的限时内,就讨论的主题,互相交流意见及分享。三分钟后,再回到团体中做汇报。

(3)六六讨论法。六六讨论法是以脑力激荡法做基础的团体式讨论法。方法是将大团体分为六人一组,只进行六分钟的小组讨论,每人一分钟,然后再回到大团体中分享及做最终的评估。

(4)心智图法。心智图法是一种刺激思维及帮助整合思想与信息的思考方法,也可说是一种观念图像化的思考策略。此法主要采用图志式的概念,以线条、图形、符号、颜色、文字、数字等各样方式,将意念和信息快速地摘要下来,成为一幅心智图。结构上,心智图具备开放性及系统性的特点,让使用者能自由地激发扩散性思维,发挥联想力,又能有层次地将各类想法组织起来,以刺激大脑做出各方面的反应,从而得以发挥全脑思考的多元化功能。

(5)曼陀罗法。曼陀罗法是一种有助于扩散性思维的思考策略。利用一幅九宫格图,将主题写在中央,然后把由主题所引发的各种想法或联想写在其余的八个圈内,从多方面进行思考。

(6)逆向思考法。逆向思考法是可获得创造性构想的一种思考方法,此技法可分为七类,如能充分加以运用,创造性就可加倍提高了。

(7)分合法。分合法是 Gordon 于 1961 年在《分合法:创造能力的发展》一书中指出的一套团体问题的解决方法。此法主要是将原不相同也无关联的元素加以整合,产生新的意念或面貌。分合法利用模拟与隐喻的作用,协助思考者分析问题以产生各种不同的观点。

(8)属性列举法。属性列举法是由 Crawford 于 1954 年提倡的一种著名的创意思维策略。此法强调使用者在创造的过程中观察和分析事物或问题的特性或属性,然后针对每项特性提出改良或改变的构想。

(9)希望点列举法。这是一种不断地提出"希望可以"、"怎样才能更好"等理想和愿望,进而探求解决问题和改善对策的技法。

(10) 优点列举法。这是一种逐一列出事物优点的方法,进而探求解决问题和改善对策。

(11) 缺点列举法。这是一种针对一项事物不断地检讨此事物的各种缺点及缺漏,并进而探求解决问题和改善对策的技法。

(12) 检核表法。检核表法是在考虑某一个问题时,先制成一览表,对每项检核方向逐一进行检查,以避免有所遗漏。此法可用来训练员工思考周密,并有助于构想出新的意念。

(13) "七何"检讨法("5W2H"检讨法)。"七何"检讨法的优点是提示讨论者从不同的层面去思考和解决问题。所谓"5W",是指为何(why)、何事(what)、何人(who)、何时(when)、何地(where);"2H"是指如何(how)、何价(how much)。

(14) 目录法。目录法比较正统的名称是"强制关联法",指在考虑解决某一个问题时,一边翻阅资料性的目录,一边强迫性地把在眼前出现的信息和正在思考的主题联系起来,从中得到构想。

(15) 创意解难法。美国学者 Parnes(1967)提出"创意解难"的教学模式,是发展自 Osborn 所倡导的脑力激荡法及其他思考策略,此模式重点在于解决问题的过程中,问题解决者应以有系统、有步骤的方法,找出解决问题的方案。

三、创新品质培养

1. 创新品质的含义

创新品质主要是指个体从事创新活动所表现出来的稳定的个性品质特征,它包括勇敢、独立性、好奇心、有毅力、富于挑战性、敢于质疑问难及一丝不苟等良好的个性品质特征。创新主体个性特点上的品质差异性在一定程度上决定着创新成就的大小,因此,创新品质的塑造是创新精神培养的重要环节。

2. 创新品质的培养途径

(1) 发展求异思维,开发创新潜能。美国心理学家吉尔福特说过:"创造性再也不必假设为仅局限于少数天才,它潜在地分布在整个人口中间。"这就是说,每个人都有创新潜能。可以从不同的方面归纳,多角度地分析解答问题,发展求异思维,有效提升思维的灵性。

(2) 诱导观察,鼓励创新想象。想象力是探索和创新的基础,是创新的翅膀。一个人如果没有想象的帮助,任何创造性的劳动都是不可能的。爱因斯坦说过:"想象力比知识重要,因为知识是有限的,而想象力概括着世界上的一切。"因此要敢于想象,这是培养创新思维很重要的一个方面。

第三章 创新能力测试——智力激励法

智力激励法又叫脑力激荡法、头脑风暴法(brain storming)或 BS 法,是指一组人员通过召开特殊的专题会议形式,对某一特定问题,与会成员之间互相交流、互相启迪、互相激励、互相修正、互相补充、集思广益,从而达到产生大量新设想的集体性发散技法。这是世界上最早付诸实践的创新技法。智力激励法在 20 世纪 30 年代由奥斯本发明后在世界各国大受欢迎,当然,要想发挥最佳作用,它必须遵循一定的原则。此法经各国创造学研究者的实践和发展,至今已经形成了一个发明技法群,如奥斯本智力激励法、默写式智力激励法、卡片式智力激励法,等等。

头脑风暴法出自"头脑风暴"一词。所谓头脑风暴,最早是精神病理学上的用语,指精神病患者的精神错乱状态而言的,转而为无限制的自由联想和讨论,其目的在于产生新观念或激发创新设想。

发明创造的实践表明,真正有天资的发明家,他们的创造性思维能力较平常人要优越得多。但天资平常的人,如果能相互激励、相互补充,引起思维"共振",也会产生出不同凡响的新创意或新方案。俗话说,"三个臭皮匠,顶个诸葛亮",也就是奥斯本头脑风暴法的"中国式"译义,即集思广益。

集思广益,这并没有什么高深的道理,问题在于如何去做到这点。开会是一种集思广益的办法,但并不是所有形式的会议都能达到让人敞开思想、畅所欲言的效果。奥斯本的贡献,就在于找到了一种能有效地实现信息刺激和信息增值的操作规程。难怪奥斯本在 20 世纪 30 年代发明这种集思广益的创造技法后,该法马上在美国得到推广,日本人也开始效法,使企业的发明创造与合理化建议活动硕果累累。我国华北地区铁道学会在一次有关新型车辆转向架设计方案研讨中,头两天的中心发言尽管很热烈,但从记录中可总结的新创见并不多。后来,会议组织者试用头脑风暴法再次研讨,结果很快获得 30 多条有创见的新设想,收到了令人满意的答案。

随着发明创造活动的复杂化和课题涉及技术的多元化,单枪匹马式的冥思苦想将变得软弱无力,而"群起而攻之"的发明创造战术则显示出攻无不克的威力。

一、遵循原则

运用智力激励法进行创新思维启发时应遵守如下原则:

(1)主题明确原则。对所讨论问题提出一些具体要求,并严格限制问题范围,使与会人员把注意力集中于所讨论的问题。

(2)庭外判决原则(延迟评判原则)。对各种意见、方案的评判必须放到最后阶段,此前不能对别人的意见提出批评和评价。认真对待任何一种设想,而不管其是否适当和可行,与会人员均不能批评或攻击。

(3) 自由畅想原则。欢迎各抒己见,创造一种自由、活跃的气氛,激发参加者提出各种荒诞的想法,使与会者思想放松,这是智力激励法的关键。

(4) 以量求质原则。追求数量,提出的想法越多越好,不分好坏,一概记录下来。意见越多,产生好意见的可能性越大,这是获得高质量创造性设想的条件。

(5) 综合改善原则。探索取长补短和改进的办法。除提出自己的意见外,鼓励参加者对他人已经提出的设想进行补充、改进和综合,为准备修改自己设想的人提供优先发言权,强调相互启发、相互补充和相互完善,这是智力激励法成功的标准。

(6) 求异创新原则。突出求异创新,这是智力激励法的宗旨。

(7) 限时限人原则。与会人员发言要精练,不要详细论述、展开发言,否则将拉长时间,并有碍产生创造性成果的气氛。同时,也不允许与会人员按事先准备的发言稿照本宣讲。

二、激励方式

1. 三菱式智力激励法简介

奥斯本智力激励法虽然能产生大量的设想,但由于它严禁批评,这样就难于对设想进行评价和集中。日本三菱树脂公司对此进行改革,创造出一种新的智力激励法——MBS法,又称三菱式智力激励法。

2. 卡片式智力激励法简介

卡片式智力激励法也称卡片法。这种技法又可分为CBS法和NBS法两种,CBS法由日本创造开发研究所所长高桥诚根据奥氏智力激励法改良而成,特点是对每个人提出的设想可以进行质询和评价。NBS法是日本广播电台开发的一种智力激励法。

3. 默写式智力激励法简介

默写式智力激励法是无参照扩散法的一种,由联邦德国创造学家荷立创造,其特点是用书面畅述来激励智力。具体做法是:每次会议由6人参加,每人用书面提出3个设想,要在5分钟内完成,所以又称"635"法。开会时,会议主持人宣布议题,并对与会者提出的疑问进行解释。接着每人发3张卡片。第一个5分钟内,每人针对议题在卡片上填写3个设想,然后将卡片传给右邻的到会者。第二个5分钟内,每人从别人的3个设想中得到新的启发,再在卡片上填写3个新的设想,然后将卡片再传给右邻的到会者。这样,半小时内可传递6次,一共可产生108个设想。"635"法可避免许多人争相发言而使设想遗漏的弊病,其不足是相互激励的气氛没有公开发言方式强。

三、程序

智力激励法力图通过一定的讨论程序与规则保证创造性讨论的有效性,因此,讨论程序成了智力激励法能否有效实施的关键因素。从程序来说,智力激励法一般是通过召开会议的形式进行的。其实施步骤是:准备、热身、明确问题、自由畅想、评价与发展。其一般流程如图3-1所示。

1. 准备

在运用智力激励法创新之前,需要事先做好以下准备工作:

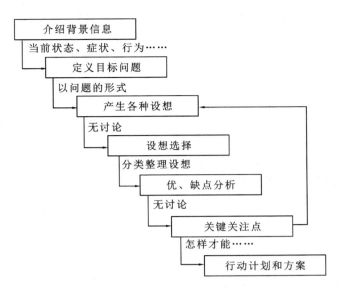

图 3-1 智力激励法的一般流程

(1) 选择会议主持人。合适的会议主持人,既应熟悉智力激励法的基本原理、原则、程序与方法,又应对会议所要解决的问题有比较明确的理解,还应灵活地处理会议中出现的各种情况,使会议自始至终遵照有关规则在愉快热烈的气氛中进行。

(2) 确定会议主题。由主持者和问题提出者一起分析研究,明确会议所议论的主题。主题应具体单一,对涉及面广或包含因素过多的复杂问题应进行分解,使会议主题目标明确。

(3) 确定参加会议的人选。参加会议的人数一般以 5~10 人为宜。与会人员的专业构成要合理,大多数人应对议题有较丰富的专业知识,同时也要有少数外行参加。与会者应关系和谐、相互尊重、一视同仁、平等议事,无上下高低之分,以利于消除各自的心理障碍。

(4) 提前下达会议通知。提前将议题的有关内容及背景通知参会人员,以便让他们在思想上有所准备,提前酝酿解决问题的设想。

2. 热身

"热身"往往用于描述运动员在体育比赛中,在上场参赛前活动几分钟,以适应即将开始的竞技拼搏这一过程。智力激励会议安排与会者"热身",其目的和作用与体育竞赛类似,是使与会者尽快进入"角色"。热身活动所需要的时间,可由主持人灵活确定。热身活动有多种方式,如看一段有关发明创造的录像,讲一个发明创造的故事,出几道脑筋急转弯之类的问题让与会者回答,使会场尽快形成热烈轻松的气氛,使大家尽快进入创造的"临战状态"。

3. 明确问题

这个阶段主要由主持人介绍要讨论的问题。介绍问题时应注意坚持简明扼要原则和启发性原则。简明扼要原则要求主持人只向与会者提供有关问题的最低数量信息,切忌将背景材料介绍过多,尤其不要将自己的初步设想和盘托出。因为介绍的材料过多或说出主持人个人的初步想法,不仅无助于激励大家的思维,反而容易形成框框,束缚与会者的思维。因此,主持人所要给出的只是对问题实质深入浅出、抛砖引玉的简要解释。启发性原则是指介绍问题时要选择有利于激发大家兴趣、开拓大家思路的陈述方式。例如,针对革新一种加压工具问题,如果选择"请大家考虑一种机械加压工具的设计构思"这种表述方式,就容易把大家的思路局限在"机械加压"的技术领域之内;如果改为"请大家考虑一种提供压力的先进方案",则会给大家更广阔的思考天地,除了机械加压之外,大家还可能会想到气压、液压、电磁等技术的应用。

4. 自由畅想

在与会者产生各种想法和问题的解决办法之后,不需要讨论、分析各种想法的优缺点。自由畅想是智力激励会议最重要的环节,是决定智力激励成功与否的关键阶段。其要点是想方设法营造一种高度激励的气氛,使与会者能突破种种思维障碍和心理约束,让思维自由驰骋,借助与会者之间的知识互补、信息互补和情绪鼓励,提出大量有价值的设想。畅谈阶段不需要与会者之间进行讨论,其时间由主持人灵活掌握,一般不超过1个小时。畅谈阶段要遵守下述规定:

(1)不许私下交谈,始终保持会议只有一个中心。否则,会使与会者精力分散,并产生无形的评判作用。

(2)不许以权威或集体意见的方式妨碍他人提出个人的设想。

(3)设想表述力求简明扼要,每次只谈一个设想,以保证此设想能获得充分扩散和激发的机会。

(4)所提设想一律记录。

(5)与会者不分职位高低,一律平等对待。

5. 评价与发展

畅谈结束后,会议主持者应组织专人对设想进行分类整理,并进行去粗取精的提炼工作。设想一般分为实用型和幻想型两类,前者是指目前技术工艺可以实现的设想,后者指目前技术工艺还不能完成的设想。对实用型设想,再用头脑风暴法进行论证、进行二次开发,进一步扩大设想的实现范围。对幻想型设想,再用头脑风暴法进行开发,通过进一步开发,就有可能将创意的萌芽转化为成熟的实用型设想。这是智力激励法的一个关键步骤,也是该方法质量高低的明显标志。如果已经获得解决问题的满意答案,智力激励会议就达到了预期的目的;倘若还有悬而未决的问题,还可以召开下一轮智力激励会议。

/ 案例分享 企业对员工的创新激励 /

一、日渐西山的索尼:筹钱也要创新

由于长期亏损,索尼资金十分紧张,科技创新研发的投入也相对不足,进而引发了内部一些工程师的不满。为此,索尼建设了名为"首飞"的众筹网站,为索尼员工的创新项目提供融资支持,希望通过创新摆脱颓势,除此之外,索尼还将此网站作为销售员工创新产品的网络商店。

二、三星放长线:为员工提供"充电"假

2015年,三星公布了两项有关员工福利待遇的新政,除了将时限提高到2年的"带薪育儿假",还推出了"自我启发休假"制度,入职3年以上的职员可以进行最高1年的语言进修或长期海外旅行。三星认为,虽然短期上会因此产生人力损失,但长期来看,职员们进行充电后再回来,会给组织带来活力。

三、谷歌：给员工20%自由创新时间

为了鼓励创新，谷歌曾允许工程师用"20%的时间"开发他们自己感兴趣的项目，但是因为担心绩效，2013年谷歌的部门经理们已经剥夺了这"20%的时间"。不过，谷歌仍然注重创新，神秘的 Google Labs 研发了无人驾驶汽车、谷歌眼镜等各种创新产品。

四、苹果：让员工做自己感兴趣的事

除了提供冷冻卵子等福利，苹果还鼓励员工创新。早在2012年，苹果就推出了"蓝天计划"，某些苹果员工可以最多花费两周时间研发自己感兴趣的项目，这与之前谷歌推出的"20%自由创新时间"十分相似。

五、Facebook：各种角色互换激发创新

与谷歌、苹果相比，很少有人能想象出 Facebook 内部的创新文化。Facebook 的创新氛围非常浓厚，不仅拥有专门的移动设计智囊团，员工们还经常有规律地"角色互换"，工程师、管理层和其他团队经常变换工位，从而更好地进行讨论并激发创意。

六、百度：最高奖激励基层创新团队

为了提高员工积极性，鼓励创新，百度CEO李彦宏提出了"百度最高奖"，针对公司总监以下的对公司产生卓越贡献的基层员工进行高达百万美元的股票奖励。不仅如此，奖励对象还都是10人以下的小团队，这也是迄今为止国内互联网企业中给予普通员工的最高奖励。

 拓展活动

请结合智力激励法以会议形式来讨论一门课程的学习内容。

第四章 创业概述

第一节 认识创业

一、创业定义

创业是创业者及创业搭档对他们拥有的资源或通过努力对能够拥有的资源进行优化整合,从而创造出更大经济或社会价值的过程。创业是一种需要创业者及其创业搭档运营,组织,运用服务、技术、器物作业的思考、推理和判断的行为。

根据杰夫里·蒂蒙斯(Jeffry A. Timmons)所著的创业教育领域的经典教科书《创业创造》(*New Venture Creation*)的定义,创业是一种思考、品行素质、杰出才干的行为方式,需要在方法上全盘考虑并拥有和谐的领导能力。

创业是以点滴成就、点滴喜悦致力于理解创造新事物(新产品、新市场、新生产过程或原材料、组织现有技术的新方法)的机会如何出现并被特定个体发现或创造,这些人如何运用各种方法去利用和开发它们,然后产生各种成果。创业包括领导者创业、企业家创业、大学生创业。

"创业"一词由"创"和"业"组成,所谓"创"就是创造,即创建、创立、创新之意。《辞海》对创业的解释是"创立基业"。古代《孟子·梁惠王下》有:"君子创业垂统,为可继也。"诸葛亮《出师表》曰:"先帝创业未半而中道崩殂。"这里所谓的"创业"是广义上的创业,是指"事业的基础、根基",既可以是古代的"帝王之业""霸王之业",也可以是百姓家业、家产和个人事业。关于"业"字,其含义也很多,《现代汉语成语辞典》对"业"有如下解释:学业;业务、工作;专业、就业、转业;事业;财产、家业、企业等。可见"业"的内涵极为丰富。同样,"创业"的内涵也极其丰富,有性质、类别、范围和过程阶段等方面的区别与差异。

在现代社会中,"创业"被普遍用于描述开创某种事业的活动,与保持前人已有成就和业绩的"守业"是相对的。改革开放以来,创业也就指一切个人或团队创立自己的产业的活动,如开店、办厂、创办公司、投资生意等生产经营活动。在高等教育中表述的"创业",主要是指以所学知识为基础,以技术、工艺、产品、服务的创新成果为支柱,以风险投资基金为依托,开创性地提供有广阔前景的新技术、新工艺、新产品、新服务,直至孵化出新的高新技术企业甚至新产业部门的一系列活动。

从"创业"这个概念在汉语使用中所表达的意思分析,一般强调三层含义:①强调创业开端的艰辛和困难;②突出创业过程的开拓和创新意义;③侧重于在前人的基础上有新的成就和贡献。而对"业"的范围没有什么限制,主要体现一个新的结果。因此,创业是一个过程,创业是一个主体通过主观努力而取得新的结果。

二、创业的功能

创业是推动经济发展、促进社会进步的动力源泉。如今,在"大众创业、万众创新"的浪潮推动下,全球范围催生出一种新的经济形式,这种经济形式突出强调创新创业对于社会经济发展的重要作用,即通过创新和创业寻求市场差距,丰富市场供求,引导人们的消费,更好地满足需求的深度和多样性,促进消费结构升级和市场繁荣发展。正是借助创业型经济的优势,许多发达国家在全球市场上占了先机。根据《全球创业观察》报道,中国作为全球创业活动最活跃的国家之一,创业环境正不断地得到改善。

创业的主要功能体现在以下几个方面。

1. 创业具有促进科技进步和繁荣市场的功能

创业通常伴随着新技术、新产品、新工艺、新方法进入市场,大量科研成果转化伴随着创新型企业的产生,因此,创业可以促进技术进步,促使经济结构升级。建立科研成果转化的创新型企业,可以迅速促进社会科技进步,提高我国科学技术综合水平,增强综合国力。

目前,我国技术创新总体水平不高,市场发展还不够充分,在国际分工上没有明显的优势。要改变这种被动状态,必须发展创业型经济,而发展创业型经济的根本,取决于团队中所具备的创新创业才能。社会未来的精英是大学生,将更多的大学生培养成为创业者,或者使更多的大学生掌握创新和创业的技能,是实现我国创业型经济发展的重要途径,为我国创业型经济的发展提供了根本的支撑。

2. 创业具有缓解就业压力的社会功能

作为世界上人口最多的国家,我国有着庞大的就业人群。在推进城镇化和经济结构转型升级的过程中,农业剩余劳动力有相当一部分需要转移就业,许多就业矛盾不可避免。多年来,中国就业人数不断增加,就业总量压力也随之不断增大。另外,就业的结构性矛盾更加突出:一方面,传统行业中的大量下岗失业人员发现很多人很难再找到新的工作;另一方面,新兴产业、行业和技术性职业所需素质较高的人员又供不应求。这加剧了不同地区、不同行业劳动力供需之间的矛盾,同时劳动力素质与不能适应岗位需求的矛盾也变得日益突出。

需要特别关注的是,随着高等教育数量和规模的扩大,高校毕业生的就业问题也日益突出。据教育部的数据统计,近年来,我国高校应届毕业生人数持续增长,不断创造历史新高,就业形势十分严峻。因此,培养大学生的创业精神和创业能力,倡导和鼓励大学生自主创业,通过自主创业来解决大学生就业难题,是一种切实可行的有效途径。实际结果表明:一个大学生创业成功往往可以带动几个甚至一群大学生或其他失业人员就业。如果社会上形成了良好的大学生创业氛围,就能够有效地缓解大学毕业生的就业压力。

3. 创业具有调节社会资源配置的功能

创业企业只有具备了一定的竞争力,才能够得以生存并实现可持续发展。从行业发展的角度来看,创业企业的成功将会影响行业现有的经营格局,从而加剧该行业经营的竞争,形成适者生存的局面,激发市场的活力,有利于资源流向经营良好、效率较高的企业,促进社会资源的合理配置,创造更高的社会效益。

4. 创业具有帮助创业者实现人生价值的功能

随着社会的进步和发展,智力已经成为比土地、资金和劳动力更具有意义的生产要素,知识、技术和管理已成为生产的重要的生产要素并参与到生产的增值和分配中。创业企业越来越需要创业者拥有更高的知识水平和技术能力来创立企业,因此,创业有利于知识和创新成果的产业化转化,资本可以在知识的帮助下发挥更加强大的作用,从而促进全社会生产力水平的提高。在创业过程中,那些具有专业知识和人力资本的大学生更有能力实现价值的创造。大学生利用知识技能和创造力去创建企业的梦想无论何时都有可能实现。创业为个人的发展创造了机会、为个人财富的增加提供了可能性,对于众多有着创业梦想的人来说,创业不仅能够使创业者实现自身的价值,同时也有利于挖掘创业者自身潜能。

三、创业的要素

创业要素就是创业活动所必须具有的实质或本质的重要组成部分。研究表明,创业成功是一系列要素科学组合的结果。创业者可以通过改善这些要素的组合来提高其创业成功的可能性。

目前学者们已先后提出了多种创业要素的整合模型,综合来看主要可以分为两类:一类为要素匹配模型;另一类为要素导向模型。这两类模型都对创业成长中的重要的因素进行了考察,它们的最大区别在于各要素之间的关系是协调均衡关系还是因果导向作用。

(一)要素匹配模型

这类模型的核心思想是各个要素之间只有保持一种协调均衡的关系,才能保证新创事业的良性成长,主要代表为 Timmons 模型。Timmons 模型认为,创业过程是一个高度动态的过程,其中商机、资源和创业团队是创业过程最重要的三大要素。创业过程依赖于这三大要素的匹配和均衡,它们的存在和成长决定了创业过程的发展方向。创业过程的起点是商机,商机的形式、大小、深度决定了资源与团队所需的形式、大小、深度。创始人和创业团队的作用是利用其创造力在模糊、不确定的环境中发现商机,并利用资本市场等外界力量组织资源,领导企业来实现商机的价值。在这个过程中,资源与商机处于"适应—差距—再适应"的动态过程。

(二)要素导向模型

要素导向模型认为,在创业过程中往往存在着一种要素(如创业者、战略、创业机会等),它的状态和水平将会对另外一些因素的存在产生导向性的影响,最终影响创业的绩效。因此,该类模型主张对创业要素的整合不能将所有要素一视同仁,而应以这一要素为导向决定其他要素的投入,进而决定所有创业要素的整合。该类模型的代表主要有:创业者导向模型、创业战略导向模型和创业机会导向模型。

1. 创业者导向模型

创业者导向模型(Wickham 模型)认为创业活动是由创业者、机会、组织和资源四个要素构成的,创业者处于创业活动的中心,创业者任务的本质为有效处理其他三种要素间的关系,即发现和确认创业机会,管理创业资源,领导创业组织。组织不仅要对机会和挑战做出反应,而且要根据这种反应的结果及时调整和修正未来的反应,即组织的资产、结构、程序、文化等要随着组织的发展不断改进,组织在不断的成功与失败中得到学习与锻炼,从而获得更大的成功,得以发展壮大。

2. 企业战略导向模型

创业战略导向模型(Haiyang Li 的创业模型)提出,创业战略的选择与新创企业面临的环境密切相关,一方面环境是战略的一个决定因素,另一方面企业实施的战略可以影响它们所面临的竞争环境。新创企业的战略规划在环境—绩效这一关系间发挥着两种作用:中介作用和调节作用。中介作用意味着战略将调整环境对于企业绩效的影响作用。如果环境提供了对于业绩来说重要的机会,企业需要某种特定的战略来传递这种机会到业绩中去;如果环境充满威胁,不利于企业发展,适当的战略将会降低不确定性,减弱不利影响。调节作用则意味着企业热衷于影响或者控制它们的环境,特别是那些影响企业运营业绩的环境。

3. 创业机会导向模型

林嵩等(2005)打破通常的战略管理研究中将外部环境或外部资源可得性作为战略制定的决定因素的传统,主张将创业机会作为战略制定的主要考虑因素,构建了以机会为导向的创业模型。该模型认为创业成长的效果主要取决于创业战略的实施,正确的战略能够促进创业的迅速成长,而创业战略的制定则主要取决于创业机会的具体特征。

四、创业类型

(一)基于创业初始条件的分类

芝加哥大学教授阿玛尔·毕海德(Amar V. Bhide)曾在哈佛商学院讲授创业课程,为了整理出清晰的授课计划,他带领学生对 1996 年进入美国 Inc. 500(Inc 杂志评选出的成长速度最快的 500 家企业)的企业主进行深入访谈,并于 2000 年出版了专著《新企业的起源与演进》。在该书中,他从不确定性和投资两个维度构建了一个投资、不确定性与利润的动态模型。毕海德教授强调创业并不单纯指企业家或创业团队创建新的企业,大企业同样有创业行为。在这个模型中,毕海德教授将原创性的创业概括为五种类型,分别是边缘企业(marginal businesses)、冒险型的创业(promising start-ups)、与风险投资融合的创业(VC-backed start-ups)、大公司的内部创业(corporate initiatives)、革命性的创业(revolutionary ventures)。

冒险型的创业、与风险投资融合的创业、大公司的内部创业和革命性的创业的对比如表 4-1 所示。

表 4-1　不同创业类型的对比

	冒险型的创业	与风险投资融合的创业	大公司的内部创业	革命性的创业
创业的有利因素	创业的机会成本低;技术进步等因素使得创业机会增多	有竞争力的管理团队;清晰的创业计划	拥有大量的资金;创新绩效直接影响晋升;市场调研能力强;对 R&D 的大量投资	无与伦比的创业计划;财富与创业精神集于一身

续表

	冒险型的创业	与风险投资融合的创业	大公司的内部创业	革命性的创业
创业的不利因素	缺乏信用,难以从外部筹措资金; 缺乏技术管理和创业经验	尽力避免不确定性,又追求短期快速成长; 市场机会有限; 资源的限制	企业的控制系统不鼓励创新精神; 缺乏对不确定性机会的识别和把握能力	大量的资金需求; 大量的前期投资
获取资源	固定成本低; 竞争不是很激烈	个人的信誉; 股票及多样化的激励措施	良好的信誉和承诺; 资源提供者的转移成本低	富有野心的创业计划
吸引顾客的途径	上门销售和服务; 了解顾客的真正需求; 全力满足顾客需要	目标市场清晰	信誉; 广告宣传; 关于质量服务等多方面的承诺	集中全力吸引少数大的顾客
成功基本因素	创业家及团队的智慧; 面对面的销售技巧	企业家团队的创业计划和专业化管理能力	组织能力、跨部门的协调及团队精神	创业者的超强能力; 确保成功的创业计划
创业的特点	关注不确定性程度高但投资需求少的市场机会	关注不确定性程度低的、广阔而且发展快速的市场和新的产品或技术	关注少量的、经过认真评估的、有丰厚利润的市场机会; 回避不确定性程度大的项目	技术或生产经营过程方面实现巨大创新; 向顾客提供超额价值的产品或服务

(二)基于价值创造的分类

关于创业的类型,还有一种较有代表性的观点是,克里斯汀(B. Christian)等人依照创业对市场和个人的影响程度,把创业分为四种基本类型,即复制型创业、模仿型创业、安家型创业和冒险型创业。

1. 复制型创业

这种创业模式是在现有经营模式基础上的简单复制。例如某人原先担任某家电公司部门主管,后来他自行离职,创建了一家与原家电公司相似的新家电公司,且新组建公司的经营风格也基本与离职前的那家公司相同。现实中这种复制型企业的例子特别多,且由于前期生产经营经验的积累,新组建公司成功的可能性更高。但这种类型的创业模式中,创新贡献较低,也缺乏创业精神的内涵,并不是创业管理研究的主流。

2. 模仿型创业

模仿型创业虽然也很少给顾客带来新创造的价值,创新的成分并不算太高,但对创业者本身命运的改变还是较大的。如某煤矿公司的经理辞职后,模仿别人新组建一家网络公司。相对来说,这种创业具有较大的不确定性,学习过程较长,经营失败的可能性也比较大。不过,如果是那些具备创新精神的创业者,只要能够得到专门化的系统培训,注意把握市场进入契机,创业成功的可能性也比较大。

3. 安家型创业

这种形式的创业,对创业者个人命运的改变并不大,创业者所从事的仍旧是原先熟悉的工作,但他的确不断地在为市场创造新的价值,为消费者带来实惠。例如,企业内部的研发小组在开发完成一项新产品后,继续在该公司开发另一种新产品。安家型创业所强调的是个人创业精神最大程度的实现,而并不对原有组织结构进行重新设计和调整。

4. 冒险型创业

冒险型创业模式,有可能会改变个人的命运,创业者从事一项全新的产品经营,个人前途的不确定性也很大,并且由于是创造新价值的活动,失败的可能性也很大。尽管如此,因为这种创业预期的报酬较高,对那些充满创新精神的人来说仍旧极富诱惑力。但是,它需要创业者有较强的个人能力、适当的创业时机、合理的创业方案、科学的创业管理,具备这几个条件才有可能获得成功。

(三) 基于创业效果的分类

戴维森 (P. Davidsson) 基于创业效果在组织层面和社会层面的产出对创业进行了分类。组织层面和社会层面都为负的创业行为属于失败创业,如破产了的污染企业;组织层面为负而社会层面为正的创业行为属于催化剂式创业,如万燕 VCD 的创业,虽然失败,但催化出了中国一个巨大的新兴产业;组织层面为正而社会层面为负的创业行为属于重新分配式创业,如目前国内钢铁行业的低水平的重复建设;组织层面和社会层面都为正的创业行为属于成功创业,如星巴克开创了一个全新的休闲方式,戴尔带来了一种全新的经营模式等,取得了企业、消费者和社会层面等的多赢效果。社会应该赞赏成功的创业,而重新分配式的创业不可避免,同时催化剂式的创业更需要鼓励。

(四) 基于创业主体的分类

根据创业活动的主体差异,创业活动可以分为个体创业和公司创业。个体创业主要指与原有组织实体不相关的个体或团队的创业行为,而公司创业主要指由已有组织发起的组织的创造、更新与创新活动。虽然在创业本质上,公司创业和个体创业有许多共同点,但是由于起初的资源禀赋不同、组织形态不同、战略目标不同等,在创业的风险承担、成果收获、创业环境、创业成长等方面也有很大的差异,两者的主要差异点如表 4-2 所示。

表 4-2 个体创业与公司创业的差异点

个体创业	公司创业
创业者承担风险	公司承担风险,而不是与个体相关的生涯风险
创业者拥有商业概念	公司拥有概念,特别是与商业概念有关的知识产权
创业者拥有全部或大部分事业	创业者或许拥有公司的权益,可能只是很小部分

续表

个体创业	公司创业
从理论上而言,对创业者的潜在回报是无限的	在公司内,创业者所能获得的潜在回报有限
个体的一次失误可能意味着生涯失败	公司具有更多的容纳空间,能够吸纳失败
受外部环境波动的影响较大	受外部环境波动的影响较小
创业者具有相对独立性	公司内部的创业者更多受团队的牵扯
在过程、试验和方向的改变上具有灵活性	公司内部的规矩、程序和官僚体系会阻碍创业者的策略调整
决策迅速	决策周期长
低保障	高保障
缺乏安全网	有一系列安全网
在创业主意上,可以沟通的人少	在创业主意上,可以沟通的人多
至少在初期阶段,存在有限的规模经济和范围经济	能够很快达到规模经济和范围经济
严重的资源局限性	在各种资源的占有上都有优势

五、创业阶段

创业的阶段可以根据公司发展的性质,划分为四个较大的基本阶段,具体划分如下:

第一阶段,即生存阶段。通过产品、技术和服务来占领市场,有想法(点子)和会销售是重点。

第二阶段,即公司化阶段。通过标准化管理来增加企业的效益,同时需要创业者提高思维的层次,从基本概念提升到企业战略思维的高度,而第一阶段的销售就相应地转变成一个个渠道的建设,通过这些渠道来实现公司产品的销售,同时,团队也在这个阶段初步形成。

第三阶段,即集团化阶段。以产业化的核心竞争力作为硬实力,依托各个团队的合作,建立子公司和整个集团的系统平台,集团的管理就可以通过系统平台来实现,将销售变为营销,分析统计关联区域性渠道,最终将其转变为地区性网络。

第四阶段,即总部阶段。以一种无国界的经营方式构建集团总部,依靠一种无边界的核心竞争力,跨越行业边界,实现企业发展的最高水平。

六、创业注意事项

有很多创业者在创业道路上往往会遇到各种各样的问题。然而,要做一名合格的创业者,就必须要学会去面对这些问题,学会怎么解决这些问题,学会和自己的创业搭档共同去解决这些问题,还要学会积累这些解决问题的经验,这样才会使事业有条不紊地发展下去。

创业应注意以下事项。

1. 创业准备问题

创业是一项庞大的工程,涉及融资、选址、营销等诸多方面,因此创业前,一定要进行细致的准备;通过各种渠道增强这方面的基础知识;根据自己的实际情况选择合适的创业项目,为创业开一个好头;撰写一份详细的商业策划书,包括市场机会评估、盈利模式分析、开业危机应对等,并摸清市场情况,知己知彼,打有准备之仗。不要将未经试验的创意随手扔在一边,如果用这种创意来做生意,也得留心其中可能的陷阱。自问一下:自己是否得花大力气来宣传自己的产品或者服务?自己具有足够的财经资源、技能、人手和业务关系吗?

2. 创业政策资源问题

政府部门有很多鼓励创业的政策,是对创业的鼓励和支持,创业时一定要注意用足这些政策,如免税优惠、在某地注册企业可享受比其他地区更优惠的税率等。这些政策可大大减少创业初期的成本,使创业风险大为降低。虽然个人独资企业的相关政策出台,对于创业者来说无疑是个福音,但是相对于有限公司而言,这种企业形式还是没有被国内的经济市场所真正认可。同时,根据调查数据显示,所谓的一分钱当老板的个人独资企业在不同的地区,设立的难度也有所不同。有的地区的工商部门根本就不欢迎此政策,其主要原因是难以控制且税收少,因此被放弃。不少创业者都选择了与工作密切相关的领域创业,工作中积累的经验和资源是最大的创业财富,要善于利用这些资源,以便近水楼台先得月。对能帮自己生存的项目,要优先进行考虑。不要在只能改善形象或者带来更大方便的项目上乱花费用。

3. 创业方式问题

有些创业者有投资资金或有一定的业务渠道,但苦于分身无术,因此会选择合作经营的创业方式。如果自己需要合伙人的钱来开办或维持企业,或者这个合伙人帮助自己设计了这个企业的构思,或者他有自己需要的技巧,或者需要他为自己鸣鼓吹号,那么就请他加入自己的公司。这虽能让兼职老板轻松上阵,但要慎重选择创业搭档,在请帮手和自己亲自处理上,要有一个平衡点。首先要志同道合,其次要互相信任。不要聘用那些适合工作,却与自己合不来的人员,也不要聘用那些没有心理准备面对新办企业压力的人。此外,和合作伙伴之间的责、权、利一定要分清楚,最好形成书面文字,有合作双方和见证人的签字,以免起纠纷时空口无凭。

4. 创业资金问题

对于多数创业者来说,资本可能是最大的难题。风险投资有多少创业者敢去考虑?即使创业者敢考虑,那资本在哪里?银行贷款?虽然有的银行出台了个人投资贷款,但是,能够申请到的人少之又少,没有资产、没有不动产,想要进行银行贷款是难之又难。当然如果有专利、有技术,那就另当别论了。

5. 创业决策问题

决策失误会带来直接后果,如发错货可能致使一个客户立刻与自己断绝关系。作为企业家,冒风险时,要谨而慎之。如果出现失误,不要过于敏感。接受失误,从中吸取教训。自己第一步的成功全靠自己的创意好、时机合适、运气不错和良好的业务关系,不过,这一切随时都可能离自己而去。因此,不要太过自信,投入过量的资金,使自己陷入泥沼之中。

6. 创业毅力问题

众所周知,发展靠实力,创业靠毅力。有很多创业者之所以会失败,其中最主要的原因就是毅力不足。当然,造成毅力不足的因素是多方面的。一个创业者素质不高,对风险估计不足,没有足够的市场知识,是一个重要因素;缺少支持和理解,缺少理念,又是另一个因素;浮躁、短视,看重眼前利益,也是一个因素。

创业者在创业当中应该注意以上问题，要随时迎接创业道路上的挑战，敢于去解决面临的创业问题。在创业的过程当中必须头脑清醒、认清形势，一旦决定，追求到底，这才是一种明智的创业心态。一旦缺乏耐心、没有毅力，那么将会与成功失之交臂。

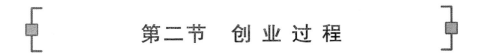

第二节 创业过程

从创业的定义可知，创业是一个过程，机会追求是创业的核心要素。创业过程由机会发现、机会评价、机会开发以及创业结果组成。在创业过程中，个体创业者是核心要素；创业过程受到社会或环境因素的影响；创业可以在新创企业中发生，也可以在已创建的企业中发生。图4-1所示为创业过程的概念模型。

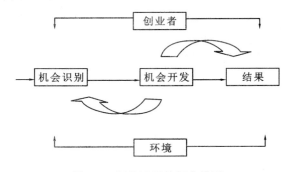

图 4-1 创业过程的概念模型

一、创业机会的识别与评价

(一) 创业机会的识别

创业机会的识别是创业过程的起点。无论新创企业从事何种事业，对机会的识别都起着举足轻重的作用。国家产业政策的调整、新技术的出现、人口和家庭结构的变化、人的物质和精神需要的变化、流行时尚等都可能形成商业机会。作为创业者，应该具有敏感的嗅觉，能够及时准确地识别创业机会。

创业机会的识别可以分为两个层次：一方面，创业机会的把握离不开对宏观环境的分析；另一方面，创业机会的识别也需要对行业状况和已有资源进行分析。只有这样才能做到有的放矢，根据掌握的资源选择行业、确定项目和业务范围，这也是减少创业风险的需要。

创业机会识别是指创业者识别新的创业机会的过程，是创业的初始阶段。

创业机会识别作为一种主动行为，带有浓厚的主观色彩，创业者的个体因素起到了重要作用。此外，一些研究者逐渐认识到机会识别是个体与环境的互动过程，外部因素尤其是环境中的客观机会因素本身的影响同样不容忽视。

1. 个体因素

1) 创业警觉性

创业警觉性指一种持续关注、注意未被发觉的机会的能力。创业警觉性是三个维度的整合体,分别为:敏锐预见,指敏感于机会的涌现,对商业前景做出前瞻性的预测;探求挖掘,指善于分析和挖掘商业情报和信息,从中离析出潜在的机会,以及隐含的利润;重构框架,指善于打破既定的范式,赋予既有资源以新的价值和用途。Tang 等则认为,警觉性应包括扫描和搜索、联系和联想、评估和判定三个维度。

2) 先验知识

人们更容易注意到与自己已有知识相联系的刺激,正如 Baron 所指,对于创业者而言,丰富且广泛的生活阅历是识别潜在商机的主要决定因素,它们帮助创业者识别了新信息的潜在价值。每个个体都有自己独特的先前经验与先验知识,这就构成了其有别于他人的知识走廊,这种特异性就解释了为何有些人更容易发现一些特定的机会,而其他人则不能。先验知识包括特殊兴趣和产业知识两个维度。前者指对某一领域及其相关知识的强烈兴趣;后者是由创业者在多年工作中积累而来的知识和经验。也有研究提出,对创业机会识别起关键作用的先验知识有四种,即特殊兴趣的知识和产业知识的结合、关于市场的知识、关于服务市场的方式的知识、有关顾客问题的知识。还有研究表明,先验知识不仅被用来搜索机会,更重要的是,它还与认知过程中结构关系的匹配有系统的联系。

3) 创造力

创造性或创新能力最早与乐观、自我效能等因素一同被归为成功创业者的性格特质中的一种。虽然近年来,有关性格特质对创业过程作用的研究越来越少,但与一般人格特质不同,创造性的重要作用却日益显现。发散性思维和聚合性思维共同构成了创造力,研究发现,信息多样化与发散性思维存在交互作用,只有在信息多样化的条件下,发散性思维才对企业经营理念的形成产生显著的影响。甚至有研究认为机会识别本身就是创造性活动,而非仅仅被创造力这一特质所影响。

4) 社会资本

社会资本又称社会网络,是联系创业者和机会的纽带与桥梁,创业者需要通过自己的社会网络获得有关创业机会的信息。创业者自身社会网络的规模大小、多样性、强度及密度将对机会识别产生重要的影响。

2. 机会因素

不论是过去还是现在,在创业机会识别过程中,研究者重点关注的都是创业者的差异,即影响机会识别的个体因素。对这一情形,有研究提出,在机会识别领域,个体中心的研究成果已颇为丰硕,今后研究更多的注意应放在机会本身上。进而,他们强调了机会的差异在创业机会识别中的作用,认为相对隐性的机会比较容易通过先前经验识别,而相对显性和规范的机会则比较容易通过系统搜索识别。研究表明,创业者更偏好于有价值的并且与自己以往知识有关的机会,因为这种机会符合创业者的愿望并具有一定的可行性。

3. 各因素的交互作用

尽管创业机会识别的影响因素在不断地丰富和完善,但单一影响因素的作用已不足以解释整个过程,因此对各影响因素交互作用的探讨成了必然趋势。

(二) 创业机会的评价

1. 创业机会的评价维度

对于创业机会,可以从很多维度进行评价。一般来说,可主要从如下几个维度进行评价:

1)盈利时间

有价值的创业机会可能是项目在两年内盈亏平衡或者取得正现金流。如果取得盈亏平衡和正现金流的时间超过3年,那对于创业者的要求就高了,因为大多数创业者支撑不了这么长的时间,其他的投资者和合作伙伴也没有这么长时间的耐心,这种创业机会的吸引力就大大降低了。除非有其他方面的重大利好,一般要求创业机会具有较短的获得盈利的时间。

2)市场规模和结构

如果市场规模和价值小,往往是不足以支撑企业长期发展的。而创业者若进入一个市场规模巨大而且还在不断发展的市场,即使只占有很小的一个份额,也能够生存下来,度过发展期。并且存在竞争对手也不担心,因为市场足够大,构不成威胁。一般来说,市场规模和价值越大,创业机会越有价值。

3)资金需要量

大多数有较大潜力的创业机会需要相当大数量的资金来启动,只需少量或者不需要资金的创业机会是极其罕见的。如果需要过多的资金,这样的创业机会就缺乏吸引力,有着较少或者中等程度的资金需要量的创业机会是比较有价值的。创业者需要根据自身的资金实力和可以动用的资源来评价创业机会,超出能力范围的不应考虑。

4)投资收益

创业的目标就是要获得收益,这要求创业机会能够有合理的盈利能力,包括较高的毛利率和市场增长率。毛利率高说明创业项目的获利能力强,市场增长率表明了市场的发展潜力,使得投资的回报增加。如果每年的投资收益率能够维持在25%以上,这样的创业机会是很有价值的;而每年的投资收益率低于15%,是不能够对创业者和投资者产生很大吸引力的。

5)成本结构

竞争优势的来源之一就是成本,较低的成本会给创业企业带来较大的竞争优势,使得该创业机会的价值较高。创业企业靠规模来达到低成本是比较可行的,低成本的优势大多来自技术和工艺的改进以及管理的优化,创业机会如果有这方面的特质,对于创业者来说是非常有利的。

6)进入障碍

如果创业机会面临着进入市场的障碍,那么就不是一个好的创业机会。比如存在资源的限制、政策的限制、市场的准入控制等,都可能成为市场进入的障碍,削弱了创业机会。但是,对于进入障碍要进行辩证的分析,进入障碍小是针对创业者自身的。如果创业者进入以后,不能够阻止其他企业进入市场,这也不是一个好的创业机会。

7)退出机制

有吸引力的创业机会应该有比较理想的获利和退出机制,便于创业者和投资者获取资金及实现收益。没有任何退出机制的创业企业和创业机会是没有太大吸引力的。

2. 创业机会评价框架(评价指标体系)

1)蒂蒙斯的创业机会评价框架

蒂蒙斯的创业机会评价框架,涉及行业和市场、经济因素、收获条件、竞争优势、管理团队、致命缺陷问题、个人标准、理想与现实的战略差异等8个方面的53项指标(见表4-3)。通过定性或量化的方式,创业者可以利用这个体系模型对行业和市场问题、竞争优势、财务指标、管理团队和致命缺陷等做出判断,来评价一个创业项目或创业企业的投资价值和机会。

表 4-3　蒂蒙斯的创业机会评价框架

评价要素	评价指标
行业和市场	1. 市场容易识别,可以带来持续收入; 2. 顾客可以接受产品或服务,愿意为此付费; 3. 产品的附加价值高; 4. 产品对市场的影响力高; 5. 将要开发的产品生命长久; 6. 项目所在的行业是新兴行业,竞争不完善; 7. 市场规模大,销售潜力达到 1 000 万元到 10 亿元; 8. 市场成长率在 30%～50% 甚至更高; 9. 现有厂商的生产能力几乎完全饱和; 10. 在 5 年内能占据市场的领导地位,达到 20% 以上; 11. 拥有低成本的供货商,具有成本优势
经济因素	1. 达到盈亏平衡点所需要的时间在 2 年以下; 2. 盈亏平衡点不会逐渐提高; 3. 投资回报率在 25% 以上; 4. 项目对资金的要求不是很大,能够获得融资; 5. 销售额的年增长率高于 15%; 6. 有良好的现金流量,能占到销售额的 20% 以上; 7. 能获得持久的毛利,毛利率要达到 40% 以上; 8. 能获得持久的税后利润,税后利润率要超过 10%; 9. 资产集中程度低; 10. 运营资金不多,需求量是逐渐增加的; 11. 研究开发工作对资金的要求不高
收获条件	1. 项目带来的附加价值具有较高的战略意义; 2. 存在现有的或可预料的退出方式; 3. 资本市场环境有利,可以实现资本的流动
竞争优势	1. 固定成本和可变成本低; 2. 对成本、价格和销售的控制较高; 3. 已经获得或可以获得对专利所有权的保护; 4. 竞争对手尚未觉醒,竞争较弱; 5. 拥有专利或具有某种独占性; 6. 拥有发展良好的网络关系,容易获得合同; 7. 拥有杰出的关键人员和管理团队
管理团队	1. 创业者团队是一个优秀管理者的组合; 2. 行业和技术经验达到了本行业内的最高水平; 3. 管理团队的正直廉洁程度能达到最高水准; 4. 管理团队知道自己缺乏哪方面的知识
致命缺陷问题	1. 不存在任何致命缺陷问题

续表

评价要素	评价指标
个人标准	1. 个人目标与创业活动相符合； 2. 创业家可以做到在有限的风险下实现成功； 3. 创业家能接受薪水减少等损失； 4. 创业家渴望进行创业这种生活方式，而不只是为了赚大钱； 5. 创业家可以承受适当的风险； 6. 创业家在压力下状态依然良好
理想与现实的战略差异	1. 理想与现实情况相吻合； 2. 管理团队已经是最好的； 3. 在客户服务管理方面有很好的服务理念； 4. 所创办的事业顺应时代潮流； 5. 所采取的技术具有突破性，不存在许多替代品或竞争对手； 6. 具备灵活的适应能力，能快速地进行取舍； 7. 始终在寻找新的机会； 8. 定价与市场领先者几乎持平； 9. 能够获得销售渠道，或已经拥有现成的网络； 10. 能够允许失败

(1) 评价框架说明：

①该评价框架对评价主体要求相对较高，一般要求评价者是行业经验丰富、商业嗅觉敏锐且具有一定管理经验的投资人或资深创业者，同时还要求使用者熟悉指标内涵以及评估技术。

②该评价框架对评估方法要求较高，一般要求运用定性与定量相结合的方法，才能得出创业机会的可行性及不同创业机会间的优劣排序。

③评价框架中的指标项目比较多，在实际运用过程中可以结合实际需求进行适当的梳理简化、重新分类，提高使用效能。当然简化过程中，要把握创业机会的"四个本质特征"以及"五项基本标准"。

(2) 评估方法说明：

蒂蒙斯创业机会评价框架为我们提供的是一套评价标准，我们需要运用科学的步骤和专业的评价方法来进行创业机会评估。常用的评价方法有以下两种：

①标准矩阵打分法。

标准矩阵打分，是指评价者（专家）对创业机会评价指标体系的每个指标进行极好(3分)、好(2分)、一般(1分)三个等级的打分，形成打分矩阵表，然后，求出每个指标在各个创业机会下的加权平均分，即评价结果。由于每个创业机会的评价指标不一样，所以这种评价方法可以用于对不同创业机会进行对比评价，其量化结果可直接用于机会的优劣排序。当该方法只用于一个创业机会的评价时，则可采用多人打分后进行加权平均。其加权平均分越高，说明该创业机会越可能成功。就蒂蒙斯创业机会评价框架而言，一般来说，高于100分的创业机会可进一步规划，低于100分的创业机会则需要考虑淘汰。

②Baty选择因素法。

该方法可以看作是标准矩阵打分法的简化版。评价者凭借个人对创业机会的认知与理解，直接按照蒂蒙斯创业机会评价框架中的各项评价指标，判断自己的创业机会是否符合这些指标要求。如果创业机会符合指标要求的数量低于30个,则说明该创业机会很可能不可行;如果符合要求数量高于30个,则说明该创业机会大有希望,值得探索与尝试。这种方法在运用过程中,需要特别注意其中的某些关键因素的"破坏力",例如你的创业机会一旦存在"致命缺陷问题",再多的合格指标数量也无济于事,只能对你的创业机会进行"一票否决"。该方法比较适合于创业者进行自评。

2)刘常勇的创业机会评价框架

刘常勇的创业机会评价框架,涉及市场评价、回报评价2个方面的14项指标(见表4-4),相对蒂蒙斯的创业机会评价指标体系,简单、易操作,且更加符合中国企业的特点。具体评价方法可参照蒂蒙斯创业机会评价框架的评估方法说明。

表4-4 刘常勇的创业机会评价框架

评价要素	评价指标
市场评价	1.是否具有市场定位,专注于具体顾客需求,能为顾客带来新的价值; 2.依据波特的五力模型进行创业机会的市场结构评价; 3.分析创业机会所面临市场的规模大小; 4.评价创业机会的市场渗透力; 5.预测可能取得的市场占有率; 6.分析产品成本结构
回报评价	1.税后利润率至少高于5%; 2.达到盈亏平衡点的时间应该低于2年; 3.投资回报率应高于25%; 4.资本需求量较低; 5.毛利率应该高于40%; 6.能否创造新企业在市场上的战略价值; 7.资本市场的活跃程度; 8.退出和收获回报的难易程度

3.评估创业机会价值的方法

1)定性评价方法

(1)Howard H. Stevenson 的评价标准。

Howard H. Stevenson, Michael J. Roberts, H. Irving Grousbeck 在 *New Business Ventures and the Entrepreneur* 中指出,为了充分评价创业机会,需要考虑以下几个重要问题:

①机会的大小、存在的时间跨度和随时间成长的速度等问题。

②潜在的利润是否足够弥补资本、时间和机会成本的投资,而带来令人满意的收益。

③机会是否开辟了额外的扩张、多样化或综合的商业机会选择。

④在可能的障碍面前,收益是否会持久。

⑤产品或服务是否真正满足了真实的需求。

(2)Justin G. Longenecker 的评价标准。

Justin G. Longenecker, Carlos W. Moore, J. William Petty 在 *Small Business Management* 中指出了评价创业机会的五项基本标准:

①对产品有明确界定的市场需求,推出的时机也是恰当的。
②投资的项目必须能够维持持久的竞争优势。
③投资必须具有一定程度的高回报,从而允许一些投资中的失误。
④创业者和机会之间必须互相合适。
⑤机会中不存在致命的缺陷。

2) 定量评价方法

(1) 标准打分矩阵。

标准打分矩阵通过选择对创业机会成功有重要影响的因素,并由专家小组对每一个因素进行极好(3分)、好(2分)、一般(1分)三个等级的打分,最后求出对于每个因素在各个创业机会下的加权平均分,从而可以对不同的创业机会进行比较。表4-5列出了其中十项主要的评价因素,在实际使用时可以根据具体情况选择其中的全部或者部分因素来进行评估。

表 4-5 标准打分矩阵

标准	专家评分			
	极好(3分)	好(2分)	一般(1分)	加权平均分
易操作性	8	2	0	2.8
质量和易维护性	6	2	2	2.4
市场接受度	7	2	1	2.6
增加资本的能力	5	1	4	2.1
投资回报	6	3	1	2.5
专利权状况	9	1	0	2.9
市场的大小	8	1	1	2.7
制造的简单性	7	2	1	2.6
广告潜力	6	2	2	2.4
成长的潜力	9	1	0	2.9

(2) Westinghouse 法。

这实际上是计算和比较各个机会的优先级,公式如下:

$$\text{技术成功概率} \times \text{商业成功概率} \times \frac{\text{年均销售数} \times (\text{价格} - \text{成本}) \times \text{投资生命周期}}{\text{总成本}} = \text{机会优先级}$$

在该公式中技术和商业成功的概率以百分比表示(从 0 到 100%),年均销售数以销售的产品数量计算,成本以单位产品成本计算,投资生命周期是指可以预期的年均销售数保持不变的年限,总成本是指预期的所有投入,包括研发、设计、制造和营销费用。对于不同的创业机会,将具体数值代入计算,特定机会的优先级越高,该机会越有可能成功。

例如,假设一个创业机会的技术成功概率为 80%,市场上的商业成功概率为 60%,在 9 年的投资生命周期中年均销售数预计为 20 000 个,净销售价格为 \$120,对于每个产品来说其全部成本为 \$87,研发费用 \$50 000,设计费用 \$140 000,制造费用 \$230 000,营销费用 \$50 000,把这些数字代入公式之中,可以计算得出机会优先级约等于 6:

$$\frac{0.8 \times 0.6 \times 20\,000 \times (120 - 87) \times 9}{50\,000 + 140\,000 + 230\,000 + 50\,000} \approx 6$$

(3) Haman's Potentionmeter 法。

这种方法可以通过让创业者来填写针对不同因素的不同情况,预先设定好权值的选项式问卷的方式,来快捷地得到特定创业机会的成功潜力指标(见表 4-6)。对于每个因素来说,不同选项的得分可以从 -2 分到 +2 分,通过对所有因素得分的加总得到最后的总分,总分越高说明特定创业机会成功的潜力越高,只有那些最后得分高于 15 分的创业机会才值得创业者进行下一步的策划,低于 15 分的都应被淘汰。

表 4-6 Haman's Potentionmeter 法评价表

评 价 因 素	得 分
对于税前投资回报率的贡献	
预期的年销售额	
生命周期中预期的成长阶段	
从创业到销售额高速增长的预期时间	
投资回收期	
占有领先者地位的潜力	
商业周期的影响	
为产品制定高价的潜力	
进入市场的容易程度	
市场试验的时间范围	
销售人员的要求	
总分	

(4) Baty 的选择因素法。

在这种方法中,通过 11 个选择因素的设定来对创业机会进行判断(见表 4-7)。如果某个创业机会只符合其中的六个或更少的因素,这个创业机会就很可能不可取;相反,如果某个创业机会符合其中的七个或者七个以上的因素,那么这个创业机会将大有希望。

表 4-7 Baty 的选择因素法评价表

选 择 因 素	是/否
这个创业机会在现阶段是否只有你一个人发现?	
初始的产品生产成本是否可以承受?	
初始的市场开发成本是否可以承受?	
产品是否具有高利润回报的潜力?	
是否可以预期产品投放市场和达到盈亏平衡点的时间?	
潜在的市场是否巨大?	
你的产品是否是一个高速成长的产品家族中的第一个成员?	
你是否拥有一些现成的初始用户?	
是否可以预期产品的开发成本和开发周期?	
是否处于一个成长中的行业?	
金融界是否能够理解你的产品和顾客对它的需求?	

我们在具体评价创业机会时,首先要列出特定创业机会的所有属性。从上面的文献综述可以看出,蒂蒙斯在 *New Venture Creation:Entrepreneurship for the 21st Century* 中提出的8大类、53个评价因素是比较全面的,几乎涵盖了其他几种理论所涉及的全部内容,可以把这53个评价因素作为评价创业机会的属性库。

其次,对属性库中的属性进行分类。依据重要性的不同,可以将属性分为关键属性和重要属性两大类。有一些属性是无法量化的,有一些属性是能够量化的,对于这部分能够量化的属性,虽然国外已经有了量化的方法,我们还需要通过对中国企业的具体调查,把量化方法中的值域和阈值转化成适合中国国情的指标。

最后,对关键属性采用定性分析的方法。创业机会的评价首先要过关键属性定性评价这第一关,在这一步评价之中,各个属性都是硬指标,如果有一个创业机会有哪项属性达不到,就说明它存在严重的缺陷;第二关是关键属性和重要属性结合的定量评价,一个创业机会在通过第一关之后,我们就可以把关键属性和重要属性混合起来处理,用设定权值来对它们进行区分,通过定量打分的高低进一步对创业机会进行排序。

二、创业风险的识别与防范

创业风险识别是指创业者根据创业活动的迹象,在各类风险事件发生之前就运用各种方法对风险进行辨认与鉴别,它是一个系统地、连续地发现风险和不确定性的过程。创业大学生不仅要敏锐地识别国家经济政策的调整、市场需求的变化等显性风险,还要能够识别当某一形势发生变化时所带来的连锁反应以及突发事件等隐性风险。

(一)创业风险识别的途径

在识别新创企业的风险时,一般从三个方面入手。

1. 自然环境

自然环境是企业风险最基本的来源。如:旅游行业在组团出游时突然发生泥石流灾害;建筑行业在施工过程中因遭遇暴风雨而延误工期;文艺演出活动因邀请的演员搭乘的火车铁路中断或飞机推迟起飞而推迟或取消,等等。

自然灾害给企业带来的风险有时是可以预测的,有时又是无法避免的。创业大学生应当善于收集各类预报信息,掌握必要的地理气象知识,注意收听气象预报,观察自然环境变化,从而识别并规避可能的风险。

2. 社会环境

社会经济文化环境给新创企业带来的风险常常出现在跨地区经营的企业。地区间的文化差异往往成为导致企业失败的原因。此外,同一地区的消费者的价值观也会随着时间的推移以及利率的波动、贷款政策的变化、通货膨胀等因素而发生变化,这都会给新创企业带来风险。由社会经济文化带来的风险容易识别,创业大学生应当对此进行充分调查,掌握相关信息,及时发现其中的风险。

国家政策法规往往是企业发展的风向标。不同创业者面对同一国家政策时的行动不尽相同,政策变动往往会给企业带来一定的影响。另外,政策法规的健全与否也会给企业带来风险。如果一个地区的法制不健全,各项商业活动得不到法律的保护,那么,要从事商业活动必然会面临巨大的风险。创业大学生应当通过观察政策法规的变化和建设状况来识别创业风险。

3.企业自身运营状况

风险最常出现的地方是企业自身的运营过程,企业的每一步决策都伴随着不同程度的风险。对此,创业大学生必须在决策时慎重思考、综合分析,尽量避免不必要的风险。

对于一些传统的、常见的风险,创业大学生凭借经验和简单的风险知识就能够识别。但是,由自然灾害、企业经济文化环境等原因给企业带来的风险却很难识别,必须要有一定的方法。企业风险识别一般有两种途径:一是借助外在的力量,如保险公司、风险及保障学会等机构;二是根据企业自身特点以及内部信息数据,自行设计风险识别方法。

(二)创业风险识别的方法

每个企业都有自身特点,遇到的风险也不尽相同。因此,识别风险的方法也不相同。概括起来说,识别风险的方法主要有以下两种。

1.环境扫描法

环境扫描法是指根据所搜集和整理的企业内部、外部的各种事件与趋势的信息,来了解和掌握企业所处的内外部环境的变化,辨识企业所面临的风险和机遇。通过环境的扫描,一方面得到企业环境中的人口、社会、文化、政治、技术和经济要素可能的变化;另一方面可以及时获悉内部资源、管理人员、竞争能力、竞争优势等因素的变化情况。然后,再依据一定的模型,就可以预见企业潜在的部分风险。

环境扫描是一种系统的方法,目前在企业应用的主要有三种模式。一是非定期模式。它是在环境出现紧急情况和危机后的一种反应,是一种临时做法和短期行为。它关注的主要是现状,对未来关注较少。二是定期模式。它是一种更加成熟和稳定的模式,能够对过去进行合理回顾,对未来做出相对客观的展望。三是连续性模式。它主要是对企业内外部环境而非特定性风险和事件进行连续监察,并通过计算机信息系统来进行分析和传播。

通过环境扫描后,一旦捕捉到风险信号,就马上进行分析判断,并迅速传递到后续风险管理阶段。因此,它具有较强的系统性、标准性、程序性、技术性等特点。

在启动环境扫描以前,必须首先确定环境扫描的频率和范围,这是环境扫描的重要属性。通过环境扫描,可以了解影响创业活动生存与成功的事件和趋势,找出创业风险要素,确保创业成功。从理论上讲,环境扫描的范围越大越好。无限扩大扫描的频率和范围,可以完整地把握创业的风险,但随着扫描频率和范围的提高,所要付出的成本也会增大。根据边际递减规律,超过一定扫描范围和频率所发生的成本将超过获取信息准确性的价值,所以扫描范围并不是越大越好。

2.情景分析法

情景分析法是一种策略角度的分析技巧。借助于这种技巧,创业大学生能够评估不同的偶然事件对自身发展的潜在影响。它使用多维的预测方法,帮助企业对其长期的关键性、薄弱性层面做出评价。

情景分析的目的是帮助企业在那些未必发生但具有灾难性后果的事件发生之前就考虑并了解这些事件的影响。情景分析法通常由创业者使用,被认为是一种非常主观的风险识别工具。其过程可以分解成四个步骤,如表 4-8 所示。

表 4-8　情景分析法的步骤

步　　骤	内　　　　容
情景定义	对起始情景的描述； 基本假设； 定义时间跨度
情景要素分析	确定情景要素； 分析与此情景相关并受到影响的风险层面和风险要素
情景合并	合并所有结果； 检查一致性错误和重复计量； 独立的有效性确定
情景展示 和后续步骤	概括结果； 分析与评估； 运用避险措施

除上述两种方法以外，还有事故树分析法、报表分析法、流程图分析法、专家调查法、SWOT 分析法等。应当注意的是，风险识别是一个连续不断的过程，有时仅凭一两次调查分析不能从根本上解决问题，许多复杂的风险需要运用多种方法进行多次分析才能正确地识别出来。

(三)创业风险的类型

创业风险指的是在创业过程中存在的风险，是指由于创业环境的不确定性、创业机会与创业企业的复杂性以及创业者能力与实力的有限性而导致创业活动偏离预期目标的可能性。

大学生创业存在很多风险，这些风险主要有以下类型。

1. 法律风险

法律风险，即因没有遵守政策法律规定或因政策法律变化给创业者或新创企业带来的风险。

很多大学生在创业前不认真了解与创业相关的法律内容，或者虽有所了解，但在实践中的众多环节上却有所忽视。例如：在创业和经营中，他们对一些经营管理手续不是十分清楚，没有意识到潜在的法律隐患，往往以感情代替规则，以主观判断代替理性思考，以赌博意识、投机心理和冒险行为代替理性的法律思维，做一些自认为合理但不合法律规定的事，以致给自己或企业带来麻烦甚至损失；在签署合同、洽谈业务时，没有用法律武器好好保护自己而导致创业失败，甚至承担刑事责任，或是被对方钻了空子，无法维护自身的合法权益。

可见，法律知识匮乏、法律意识不强，是大学生创业风险形成的主要原因之一。

还有一个方面就是因为政策法律变化而带来的风险。例如，过去十多年国家对房地产业发展采取鼓励政策，但如今却是一种紧缩政策，这势必会给房地产业的创业带来风险。

2. 经营管理风险

经营管理风险又称营业风险，是指在经营管理过程中因出现各种失误而导致企业盈利水平下降或成本增加的风险。

经营管理风险主要有以下几种：

(1)制度风险，即企业经营体制同企业发展需要和外部环境不相适应，从而导致企业遭受损失的风险。

(2)产品风险，即产品不适应市场需要或缺乏竞争力，导致产品卖不出去的风险。

(3)战略风险，即企业战略与企业实际情况相脱节，使企业发展方向出现偏差导致失败的风险。

(4)要素风险，即生产要素投入不足而导致收益减少的风险。

(5)营销风险。没有严格的营销手段，就没有成功的创业。创业失败者，基本上都是在营销管理方面出了问题，其中包括决策随意、信息不通、理念不清、急功近利、盲目跟风等。营销风险来自很多方面，主要有以下几大类：市场需求变化，这是导致营销风险存在的首要因素；经济形势与经济政策变化；科技进步；人为因素风险，主要指销售人员和经销商给企业带来的风险。

(6)市场风险。市场是商品由生产者向消费者转移的交易平台。创业很大程度上依赖于市场，没有市场也就没有创业。对于大学生创业者而言，由于没有经过市场的历练，不能准确把握市场，产品的开发和生产往往带有盲目性，因而容易使企业遭受市场风险的侵害。在创业初期，市场风险主要表现在如下方面：不了解市场前景，不能预估市场的实际需求，夸大产品和服务的商业价值；对市场不很清楚，进入市场的时机不恰当，市场拓展不明显，导致产品卖不出去。

3. 技术风险

创业技术风险，是指由于技术上的不足或缺陷以及技术分析和决策失误等原因而给创业带来的风险。

技术风险的种类很多，主要类型有技术不足风险、技术开发风险、技术保护风险、技术使用风险、技术取得与转让风险。技术风险主要有两种来源。一是创业所需的相关技术不配套、不成熟，或技术创新所需要的设施、设备不完善。由于这些原因的存在，影响技术的创新性、先进性、完整性、可行性和可靠性，从而产生技术性风险。二是对技术创新的市场预测不够充分。任何一项新技术、新产品都要接受市场的检验，如果不能对一项技术的市场适应性、先进性、收益做出比较科学的预测，这项技术在采用的初始阶段就存在一定风险。这种风险产生于技术本身，因而属于技术风险。就是说，企业在技术创新上确实存在着风险，不是技术越先进越好。

4. 财务风险

财务风险是指公司因财务结构不合理、融资不当，使公司丧失偿债能力，进而导致预期收益下降或创业失败的风险。

"陈峰伟"这个名字曾经让很多南京的大学生激动不已。这个大二男生曾经因为"休学创业，开办电器大卖场对抗商业巨头"而名噪一时，成为不少大学生心向往之的"创业英雄"。但现在，他的堂吉诃德般的"梦想"和"豪言壮语"都已灰飞烟灭。如今的他已是一个因涉嫌诈骗被刑事拘留的犯罪嫌疑人，刚刚开张的"唐电电器"也已经停业。关于陈峰伟"落马"的新闻中说，导致他成为诈骗嫌疑人的是两万元借款；受害人向记者表示，他掌握了大量陈峰伟向同学们频繁借钱的资料。这足以证明陈本人的融资存在问题。许多案例说明，缺乏财务知识会挫败CEO。《财富》杂志曾经对CEO失败的原因进行过长期跟踪分析，最后认为这些企业家们失败的六大原因依次为：缺乏对坏消息（亏损或利润下降）的处理能力、疲劳综合征、缺乏处理人事关系的能力、决策有局限性、缺乏财务知识、错失良机。可见,财务风险也是创业面临的风险之一。

创业企业中的财务风险形式主要有以下几种:

(1)信用风险,表现为创业企业因自身信用不足而导致借不到钱或债主提前要求归还欠款的风险。

(2)资产结构风险,指过高的债务融资、借款或自有资本严重不足而使企业承受较高的融资成本压力或还款压力,在创业初期表现为现金流出量过大。

(3)资金占用的风险。在流动资产中,如果货币资产的比重过小,就会减小资产的流动性,这会增加创业企业清偿债务的风险。

(4)分配资本的风险。如果创业企业剩余收益全部分配给投资者,没有留存或留存的比例过低,都会导致企业后续资本不足,影响企业的筹资能力和经营能力。

(5)汇率风险。创业企业如果从境外取得贷款或有进出口业务,就会拥有一定数量的外汇存款、外汇债权或债务,而外汇市场变幻莫测,汇率的波动会使企业存在汇率风险。

(四)创业风险的防范

不同类型的创业风险有不同的防范方法。总体而言,创业风险的防范方法有以下几种。

1. 充分做好各方面准备

常言说,凡事预则立,不预则废。因此,做好充分准备是防范和控制风险的根本方法。为此要做好如下准备:

1)做好在挫折、失败中奋起的心理准备

面对残酷的市场竞争和不太确定的市场环境,人人都可能会面临失败。创业者只有抱着良好的心态去面对失败,才能在风险真正来临时不慌乱、不气馁并及时总结反省,也才能有足够的力量和勇气去应对风险、化解风险。

2)做好风险处理预案

大学生创业会时时面临风险,我们虽然不知道会发生哪种风险、风险何时来临,但我们却可以根据风险类型提前做出应对方案,从而可以在风险来临时规避风险、降低风险造成的损失。例如,我们可以预先做出财务风险预案。这样,当财务风险来临时,我们可以通过执行财务风险预案来降低甚至化解财务风险。

3)努力强化创业必备的五大硬件

(1)积累经验。

大学生大都是在校园里长大的,对社会缺乏了解,在市场开拓、企业运营等方面很容易陷入眼高手低、纸上谈兵的误区。因此,创业前要做好两方面的工作:一方面应积极参加创业培训,积累创业知识;另一方面要亲自参加社会实践,通过打工、实习甚至短期工作来接触相关企业和实际工作,从而积累相关的管理和营销经验。

(2)筹集资金。

要开拓思路,多渠道融资。除了银行贷款、自筹资金、民间借贷等传统途径外,还可充分利用风险投资、天使投资、创业基金等融资渠道。多准备几条途径,就可以防止因某一条途径的风险而导致整个财务风险的发生。

(3)掌握专业知识。

当前是知识经济时代,大学生所创企业也将是某种程度上的知识型企业。作为这种企业的经营者和管理者,必须懂得该企业生产或经营的产品的专业知识。只有这样,才能使自己成为本专业领域的行家里手,也才能对这样的企业进行有效的经营和管理。

(4)锻炼能力。

这里的能力主要指企业经营管理能力。要想获得成功,创业者必须专业、经营两手抓。

(5)学习法律。

法律应成为大学生创业过程必备的知识。只有懂法、守法,并依据法律保护自己的合法权益,才能确保创业行动的稳健与长久。

4)认识自我,量力而行

企业的成败取决于老板的素质和行为。创业之前,评价一下自己是否具备当老板应有的性格特点、技能水平和物质条件,思考并判断自己成功的可能性有多大,这些都非常必要。分析时,细致来说可以从上述五个方面进行,概括来说也可以从以下两个方面进行。一是分析自身是否具有企业家的素质与能力,包括对事业的追求、对企业的责任、创业动机、身体素质、承担风险能力、企业管理能力以及相关行业知识等。二是个人财务状况分析。创办一个企业,一般要投入大量的启动资金,并且需要较长一段时间才能有足够的利润支付自己的生活费用,切记不能把自己所有的钱都用来办企业。

5)选择创业的最佳方向

当今,创业市场商机无限,但对资金、能力、经验都有限的大学生创业者来说,并非"遍地黄金"。大学生创业者在创业初期一定要做好市场调研,在了解市场的基础上,根据自身特点找准"落脚点",这样才能闯出一片真正适合自己的新天地。

2. 完善组织架构,规范决策

在创业过程中,创业者和企业通常只是对各种市场机会做出反应,而不是有计划、有组织地开发自己所创企业的未来机会。这时,创业者不是左右环境,而是在被环境所左右;也不是驾驭机会,而是被机会所驱使。相应地,企业的行为通常也是被动的,而不是主动的、有预见性的。因此,这时的工作显得较为杂乱,如布置工作得看员工是否有空,而不是根据他们的岗位和能力。典型的行为是因人干事、因人设岗。一些创业者常常习惯于直接给下属布置任务,而不是依照工作流程来安排。这些在创业初期可能是有效的,但在创业成功后,创业者必须考虑完善组织架构、规范各种决策行为,以此来保证科学决策、有效执行决策,不然会带来风险。

在完善组织架构的过程上,创业者不必奢求一步到位,也没必要建立一套持久不衰的组织体系。因为组织架构也需要根据企业发展需要和外部环境的变化而调整,不可能一劳永逸。为此,创业者要改变围绕人来组织的习惯,而要学会围绕工作本身进行组织和实施,努力达到通过各级组织机构来实现自己的决策及经营理念的目标。

一些大企业的通常做法是,创业者或企业委托外部咨询公司或具有丰富管理经验的职业经理人来帮助搭建组织机构。较为稳妥的方式是先健全、完善辅助管理部门,如行政部门、财务部门、服务部门的组织设计与调整,然后再完善价值增值部门,如生产部门、营销部门等。这样可以最大限度地稳定企业的经营。设计组织架构时,可以运用一些小技巧。例如,多设置几个管理岗位,但并不安排人员。这样,可以对员工形成一种吸引力,从而起到正面激励的作用。例如,可以把三级销售组织设为五级,效果会非常明显。

需要注意的是，除完善管理体系以外，还要尽量减少和简化管理层级，防止官僚管理现象的出现。此外，应在完善组织架构的同时，进一步完善工作流程，建立和健全各种规章制度。

3. 建立激励机制，做好引才、用才、留才工作

在创业开始阶段，创业者与员工都承担着巨大的风险，需要风雨同舟、共渡难关，这时可能双方都不计较什么。但是创业成功后，创业者与员工所关注的重心却会发生变化。创业者所关注的是企业未来更大的回报，而员工更关注的是现在的既得利益。如果处理不当，创业者会受到"同患难易、共富贵难"的指责，受到巨大的情感压力，有时甚至会发出"没钱容易有钱难"的感慨。如果企业是合伙建立或几个人共同创立，有时难免会因为利益分配而出现创业集体的裂变，给企业造成伤害甚至一蹶不振。如果合伙关系人是在家庭或家族内部，则会使亲情关系受到巨大破坏。另外，随着企业规模的扩大，新员工会不断加入。这时，他们更多的是一种职业选择，创业者必须考虑建立一种有效的机制来维系企业所需要的更多优秀员工。

人才是企业发展的关键。因此，创业者应该考虑建立一整套科学有效的激励机制。它应当既能保证老员工或合伙人的既得利益，又能真正凝聚更多的优秀人才，从而确保企业得到健康长远发展。

设计激励机制时，创业者要与员工进行有效沟通，使他们尽量理解和接受。要尽量做到一视同仁，避免特殊照顾或特殊政策。当然，创业者也要遵循"老人老办法，新人新办法"这样一条基本原则。创业者既要关注激励的内容，又要关注激励的过程和结果。激励制度建立以后要严格执行、及时奖惩，使员工感到激励机制确实是有效的承诺和强大的奋斗动力。这样，无论是精神鼓励还是物质奖励，都能发挥应有的作用。

除了上述激励机制对员工具有激励作用以外，企业发展前景同样也具有激励作用。这需要创业者在创业成功后设法维持或提升企业的经营业绩，规划好企业的未来发展。

4. 尝试授权，学会解脱

在创业初始阶段，创业者主要通过集权来实施管理，大小事情大都由自己去完成。创业成功以后，有两个因素会促使创业者考虑授权问题：一是工作头绪多且复杂，创业者不堪重负；二是员工渴望分享权力，希望得到更大的空间和更大的舞台来展示自己。

所谓授权，是指创业者在自己的职权范围内赋予其下属相应责任和权力并对组织承担最终责任的一种管理手段。授权和分权都是企业管理的手段，其实都是分配任务和下放权力的过程，但两者内涵有严格区别。授权是上级授予下属责任和权力；分权是组织中权力的再分配。授权是在上下级之间进行；分权是在同一级进行。授权者对所授权力负有责任、拥有决策权，被授权者没有决策权；分权者对分配后的职责不负有责任，被分权者具有决策权。创业成功后，创业者应当考虑给员工授权，而不要分权。因为，分权容易产生离心力，也容易使员工自作主张，让创业者失去对企业的控制。当然，从集权到授权，往往使创业者如履薄冰，担心对企业失去控制。所以，授权的准确含义应当是"只准他做我自己才会做的那种决定"。

实际上，最有效的授权办法是，由创业者拟订出哪些问题由自己做决定、哪些工作可以交由员工去完成、哪些工作需要员工定期汇报、哪些工作可以放手不管。一般而言，创业者需审批销售计划、财务预算、生产计划等，至于销售人员的行为管理、客户拜访计划、销售汇报、车间作业计划、生产排班、加班申请等可授权给中层管理人员负责。当然，财务报账签字、人事安排等重要事务，创业者还是应当自己来掌控，以防止费用上涨和人事矛盾出现。当然，创业者也可把一定额度的签字权授予中层管理人员。通过这样的授权，可以把创业者从繁重的事务性工作中解脱出来,把更多的精力放在战略性问题的思考上,从而避免战略决策失误的风险。

5. 量化分析,科学决策

在市场经济条件下,指导社会经济活动要依靠数据的理性分析而不能仅凭主观臆断。为此,要做好以下工作。

1)进行风险评估

创业风险评估,是指对创业风险大小及其影响结果进行判断。其主要工作包括:分析和判断创业风险的具体来源、主要风险因素,测算风险损失和风险收益,估计自己的风险承受能力,并在此基础上进行风险决策、提前准备相应的风险管理预案,投资后对其加以有效的管理和控制。

2)量本利分析

量本利分析是企业制定利润规划的一种基本方法,旨在分析成本、数量和利润三者之间的关系。一切计划是否合理,归根到底要看它对数量、成本和利润产生什么影响。这种分析包括损益分析、边际贡献分析和盈亏临界分析等内容。

3)投资回收期分析

投资回收期,是指资金回流量累积到与投资额相等时所需要的时间。一般来讲,回收时间越短,方案越有利。

三、创业过程分析

1. 机会识别过程

具有动机的个体在获取初始创意之时,机会识别过程就开始了,如图4-2所示。与机会识别过程相关的8个要素为:①正式计划;②正式评价;③市场与技术驱动;④细致调查;⑤意外发现;⑥先前职业;⑦创新与改进;⑧信息调查。

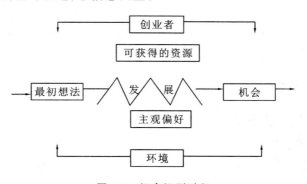

图 4-2 机会识别过程

机会识别是把一个一般的泛泛而谈的创意打造成一个较具体的商业概念的过程。在这一转变过程中,创业者开发必要的资源并引进自己控制的资源。

2. 机会开发过程

机会识别和必要资源的评估是互相补充的,创业者的机会开发的意向也是逐渐产生的。要创业,首先需要一个能够成功或有能力开发可盈利机会的现代企业或组织,光具有富有创意的个性是不够的。创业机会直到个体勾勒出创意开发的蓝图才算存在。创业过程总是表现为一个机会识别、机会评价、决定开始并以资源获取并取得结果的连续过程。

建立资源平台是开创企业的一个重要过程。首先,企业必须聚集资源,即根据商业概念确定资源需求及其潜在的供应者;其次,企业必须参与获取必要资源的交易过程;最后是整合看中的资源,推动商业概念转换成可销售的产品或服务。在这个阶段,创业者拥有的不再是一个商业概念,而是一种现实产品或服务。它将用于指导企业与消费者的具体交易,从而创造出价值。

机会开发过程如图4-3所示。

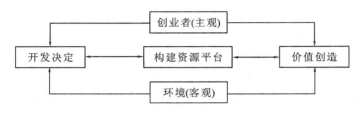

图4-3 机会开发过程

3. 创业结果

在描述创业过程时,有必要把创业结果纳入其中,原因有以下两点:

(1)可感知的结果是创业者激励的要素。它可以是外在的,如增加的收入;或者是内在的,如为自己工作的愿望。期望的薪酬将激励创业者把自己的时间和精力投入到机会的识别和开发中去。

(2)结果是进一步创业的投入。从机会定位和追求中获得的经验促成了创业者的个人发展和成长。创造、整合新知识的能力有助于未来创业机会的培育。

经验推动了未来创业。即使创业计划失败,仍旧可以增进知识或推动生产方法的改进。创业者可以从自己的过失中吸取很多教训,还可能从第一次尝试后暴露出的不放弃的精神中获益。意外的失败可能构成将创意转换成商业机会的知识平台,无论是对当事的创业者还是其他企业者来说,都是如此,网络的迅速发展就是非常好的证明。一个创业者的果实从某种意义上就是另一个创业者的机会。

四、创业过程模型

(一)蒂蒙斯创业过程模型

蒂蒙斯创业过程模型(见图4-4),指的是一种商业模型。创始人或工作团队必须在推进业务的过程中,在模糊和不确定的动态的创业环境中具有创造性地捕捉商机、整合资源和构建战略、解决问题的能力,要勤奋工作、富于牺牲。

该模型包括以下含义。

1. 创业过程是由机会驱动、团队领导和资源保证的

创业过程始于机会,而不是钱、战略、网络、团队或商业计划。在一开始,真正的机会要比团队的才干和能力或适宜的资源重要。创业团队的作用就是利用创造力在模糊、不确定的环境中发现机会,并利用资本市场等外界力量组织资源,领导企业来实现机会的价值。在这个过程中,资源与机会是适应、产生差距再到适应的动态过程。商业机会是创业过程的核心驱动力,创始人或工作团队是创业过程的主导者,资源是创业成功的必要保证。开始创业时,商业

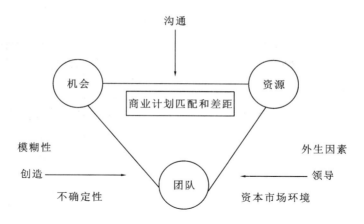

图 4-4 蒂蒙斯创业过程模型

机会比资金、团队的才干和能力及适应的资源更重要。在创业过程中,资源与商机间经历着一个适应→产生差距→适应的动态过程。商业计划的作用是提供沟通创业者、商机和资源这三个要素的质量、相互之间匹配和平衡状态的语言、规则。

2. 创业过程依赖于机会、创业团队和资源这三个要素的匹配和平衡

处于模型底部的创业团队必须掌握这种匹配与平衡,并借此推动创业的过程。创业团队要做的工作包括:分析企业中各种资源间的匹配和平衡状态是否存在问题,企业正在失去什么机会;外部环境可能会发生什么有利或不利的事件;如何做可以减少和消除市场、技术、竞争、管理和金融风险;如何来抓住机会和回避风险,最大限度地完成这些任务至少需要多少资源;评价这是不是一个恰当的团队,等等。如果一个创业者能获得这些答案,能解决如何弥补差距和改进匹配问题,吸引有利于完成这些工作的关键人才,那么创业成功的可能性就大大增加。从本质上说,创业者的作用就是管理和重新确定风险与回报的平衡。

3. 创业过程是一开始就进行的连续的寻求平衡的行为组合

在三个要素中绝对的平衡是不存在的,但企业要保持发展,必须追求一种动态的平衡。用保持平衡的观念展望企业未来时,创业者必须思量的问题是:团队是否能领导公司未来的成长、资源状况;下一阶段成功面临的陷阱。这些问题在不同的阶段以不同的形式出现,牵涉到企业的可持续发展。

总之,创业者在创业过程中的情形就像一个杂技表演者,一边要在平衡线上跳上跳下,保持平衡,一边还要在动荡的处境中进行各式各样的表演。

(二)威克姆创业过程模型

威克姆创业过程模型认为,创业活动包括创业者、机会、组织和资源四个要素,这四个要素互相联系。与蒂蒙斯创业过程模型不同,威克姆认为创业者是创业活动的中心,其在创业中的职能体现在与其他三个要素的关系上,即识别和确认创业机会、管理创业资源、领导创业组织,同时通过创业者来有效处理机会、资源和组织之间的关系,实现要素间的动态协调和匹配。

威克姆创业过程模型如图 4-5 所示。

该模型的含义如下。

1. 创业活动包括创业者、机会、组织和资源四个要素

创业者处于创业活动的中心。创业者在创业中的职能只能体现在与其他三个要素之间的

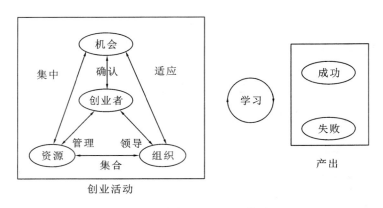

图 4-5　威克姆创业过程模型

关系上：发现和确认创业机会；管理创业资源；领导创业组织。

2. 创业者任务的本质就是有效处理机会、资源和组织之间的关系

机会、资源和组织三者之间的关系为：资本、人力、技术等资源要集中用于机会的利用上，并且要注意资源的成本和风险；资源的集合形成组织，包括组织的资本结构、组织结构、程序和制度，以及组织文化；组织的资产、结构、程序和文化等形成一个有机的整体，来适应所开发的机会，为此组织需要根据机会的变化而不断地调整。因此，创业活动包括以下三个方面：使组织适合于所开发的机会；集合资源以形成组织；将资源集中于追逐的机会。在这种关系中，创业者起着关键的作用。

3. 创业过程是一个不断学习的过程

创业型组织是一个学习型组织。这就是说，组织不仅要对机会和挑战做出反应，而且还要根据这种反应的结果来调整和修正未来的反应，即组织的资产、结构、程序、文化等要随着组织的发展而不断改进，组织在不断的成功与失败中得到学习与锻炼，从而获得更大的成功，得以发展壮大。

如前所述，创业是一个经济范畴，是指为了创建新企业而进行的、以创造价值为目的、以创新方式将各种经济要素综合起来的一种有目的的经济活动。简言之，创业就是创建一个新企业的过程。像所有机体一样，企业也存在一个生命周期。换句话说，一个企业要经历从筹备到建立、起步、发展、成熟、衰退乃至灭亡的过程。尽管每个创业者都希望自己创建的基业长青，但更多的企业却在成长过程中夭折，能够称得上"百年企业"或者"老字号"的企业更是凤毛麟角。所以，在创业的过程中要注重企业成长的内在规律，根据各成长阶段的特点实施行之有效的管理。

案例分享　"娃哈哈"背后的创业故事

娃哈哈老总宗庆后工作的地方在杭州城站火车站对面、车来车往的高架桥下的一座不起眼的灰色小楼。"娃哈哈是在这里诞生的，30年了，宗总舍不得搬家。"娃哈哈的员工说。

宗庆后的个人奋斗史，正如一部真人版的"励志大片"。42岁开始创业，从贷款14万元、靠三轮车代销汽水及冰棍开始,到成为中国内地首富——30年来,心无旁骛,以超乎常人的耐力,坚守着自己的实业帝国。

一、年均增长超过60%的娃哈哈

娃哈哈从无到有,宗庆后可以说是白手起家。1987年夏天的一个闷热的下午,宗庆后骑车出了家门,去干了一件有些冒险的事情——去接手一家连年亏损的校办工厂。创业初期的条件十分艰苦,贷款借来的14万元钱,不敢全部用完,只用了几万元钱,简单地粉刷了一下墙壁,买了几张办公桌椅,就开张了。

有了自己的事业,宗庆后憋足了劲儿,刚开始他的"事业"只是蝇头小利的小生意,做的是代销冰棍、汽水,还有作业本、稿纸等,主要是为学生服务。一根冰棍4分钱,卖一根只赚几厘钱。随着时间的推移,宗庆后的业务范围也越来越广,开始为人家代加工产品。风里来雨里去忙活了一年,年底一算账,居然有了十几万元的进账。尽管赚了一些钱,但宗庆后意识到,企业没有自己的产品,终究不是长远之计。

1989年,宗庆后发现国内食品市场的产品种类相对较少,就连方便面都是稀罕玩意儿,于是带领校办工厂的100来个员工,开始开发投产娃哈哈儿童营养液,并成立了杭州娃哈哈营养食品厂。当时,娃哈哈儿童营养液一经面世便迅速走红。

1991年,宗庆后做了一件更大胆的事:兼并了拥有2000多名职工的国营老厂——杭州罐头食品厂,娃哈哈食品集团公司正式成立。1991年企业产值首次突破亿元大关,达到2.17亿元。

1994年,娃哈哈响应对口支援三峡库区移民工作的号召,投身西部开发,兼并了四川涪陵(现重庆市涪陵区)地区受淹的3家特困企业,建立了娃哈哈第一家省外分公司涪陵公司。此后,娃哈哈迈开了"西进北上"步伐,先后在全国29个省市自治区建立了160多家分公司。

1996年对于娃哈哈来说,是具有划时代意义的年份。这一年,宗庆后瞄准瓶装水市场,娃哈哈纯净水诞生。有经济学家曾认为,娃哈哈纯净水的出现,是宗庆后搭建商业帝国最重要的一块砖。

如今,娃哈哈产品包括含乳饮料、瓶装水、童装等共10大类150多个品种。30年来,娃哈哈一直保持快速发展势头,年均增长超过60%。娃哈哈在发展过程中经历了数不清的坎坷,甚至也曾走过弯路,但专心做实业、专注做品牌的信念始终没丢。

二、"中国内地首富"的简单生活

与"首富"的头衔比起来,宗庆后的生活比较低调。平常,他总是穿一件普通的夹克衫、一双有点旧的布鞋,有些是最便宜的大路货,但他认为这很好,曾调侃说:"几十元的衣服穿在身上,人家都会以为是几千元的,我干吗花那个钱?"穿衣服随便,吃饭也很简单,用宗庆后自己的话说,这辈子最爱咸菜腐乳,身体照样健健康康。如果不出差,宗庆后的一日三餐几乎都在公司食堂解决。

30年来,宗庆后将所有精力和时间投入到工作中。曾经走街串巷送汽水的宗庆后,自以为闭着眼睛也走不丢,然而却对杭州这些年的变化感到陌生,女儿宗馥莉总是劝父亲多出去走走,但他只要一出门,基本就是奔机场。

有一次,电视台录制节目,专门把他拖到了西湖边喝茶。节目录完了,他大发感慨:"在这座城市活了大半辈子,没想到原来坐在这里喝茶这么舒服。"下属建议,干脆在西湖边租个地方办公得了,累了可以坐湖边喝喝茶、看看景。"那就光顾着喝茶观景了,看过的文件转头就得忘了。"宗庆后立刻否决了这个提议。

三、坚守实业"阵地"

集团旗下的娃哈哈系列产品,销量一直稳居全国第一,在实体经济面临"空心化"、国际金融危机及欧债危机双重影响下,宗庆后如何立于不败之地?这一切源于娃哈哈的"专注"。认真做好一件事,这是最简单,也是最难的。30年来,面对快速积累财富的虚拟经济,娃哈哈的信念从未动摇:一心一意做产品、搞实业,一心一意为中国老百姓提供最实惠的必需品,是娃哈哈不变的追求。

在企业内部管理机制上,宗庆后可谓创造了一个很难复制的模式。宗庆后曾说:"世界上很多成功的大企业,都有一个强势的领导人,都是'大权独揽'。"所以,一直以来,娃哈哈的"专制"在业界也是出了名的:娃哈哈集团直到现在也不设副总经理,生产、销售等各个领域的管理则是由各个部长负责。但这并没有妨碍娃哈哈员工的忠诚度,因为宗庆后虽然"专制",却是个有情有义之人,30年来,他从未辞退过一个员工,一年中甚至有一半时间和员工奋战在一线。一方面"高高在上",一方面又和大家一起摸爬滚打,宗庆后深谙"中国式领导"的精髓。

宗庆后强势的另一面,则体现在娃哈哈对渠道的控制上,这也是宗庆后管理经销商的成功之道。

(资料来源于网络,有改动)

拓展活动　威廉斯创造力倾向测验

这是一份帮助你了解自己创造力的测试。

在下列的句子中,如果发现某些句子所描写的情形很适合你,则请你在答案纸(请自备)上"完全符合"的圆圈内打"√";

若有些句子仅在部分时候适合你,则在"部分符合"的圆圈内打"√";

如果有些句子对你来说,根本是不可能的,则在"完全不符合"的圆圈内打"√"。

注意:

每一题都要做,不要花太多的时间去想。所有的题目都没有"正确答案",凭你读每一个句子后的第一印象作答。虽然没有时间限制,但应尽可能地争取以较快的速度完成,愈快愈好。切记,凭你自己的真实的感觉作答,在最符合自己情形的圆圈内打"√"。每一题只能打一个"√"。

1. 在学校里,我喜欢试着对事情或问题做猜测,即使不一定都猜对也无所谓。
2. 我喜欢仔细观察我没有看过的东西,以了解详细的情形。
3. 我喜欢听变化多端和富有想象力的故事。
4. 画图时我喜欢临摹别人的作品。
5. 我喜欢利用旧报纸、旧日历以及旧罐头瓶等废弃物来做各种好玩的东西。
6. 我喜欢幻想一些我想知道或想做的事。
7. 如果事情不能一次完成,我会继续尝试,直到成功为止。
8. 做功课时我喜欢参考各种不同的资料,以便得到多方面的了解。
9. 我喜欢用相同的方法做事情,不喜欢去找其他的新的方法。

10. 我喜欢探究事情的真假。
11. 我喜欢做许多新鲜的事。
12. 我不喜欢交新朋友。
13. 我喜欢一些不会在我身上发生的事情。
14. 我喜欢想象有一天能成为艺术家、音乐家或诗人。
15. 我会因为一些令人兴奋的念头而忘记了其他的事。
16. 我宁愿生活在太空站,也不喜欢在地球上。
17. 我认为所有的问题都有固定的答案。
18. 我喜欢与众不同的事情。
19. 我常想知道别人正做什么。
20. 我喜欢故事或电视节目所描述的事。
21. 我喜欢和朋友一起,和他们分享我的想法。
22. 如果一本故事书的最后一页被撕掉了,我就自己编造一个故事把结局补上去。
23. 我长大后,想做一些别人长大从来没想过的事情。
24. 尝试新的游戏和活动,是一件有趣的事。
25. 我不喜欢太多的规则限制。
26. 我喜欢解决问题,即使没有正确的答案也没关系。
27. 有许多事情我都很想亲自去尝试。
28. 我喜欢没有人知道的新歌。
29. 我不喜欢在班上同学面前发表意见。
30. 当我读小说或看电视时,我喜欢把自己想象成故事里的人物。
31. 我喜欢幻想200年前人类生活的情形。
32. 我常想自己编一首新歌。
33. 我喜欢翻箱倒柜,看看有些什么东西在里面。
34. 画图时,我很喜欢改变各种东西的颜色和形状。
35. 我不敢确定我对事情的看法都是对的。
36. 对于一件事情先猜猜看,然后再看是不是猜对了,这种方法很有趣。
37. 玩猜谜之类的游戏很有趣,因为我想要知道结果如何。
38. 我对机器有兴趣,也很想知道它里面是什么样子,以及它是怎样转动的。
39. 我喜欢可以拆开的玩具。
40. 我喜欢想一些点子,即使用不着也无所谓。
41. 一篇好的文章应该包含许多不同的意见和观点。
42. 为将来可能发生的问题找答案,是一件令人兴奋的事。
43. 我喜欢尝试新的事物,只是想知道会有什么结果。
44. 玩游戏时,通常是有兴趣参加,而不在乎输赢。
45. 我喜欢想一些别人常常谈论的事情。
46. 当我看到一张陌生人的照片时,我喜欢去猜测他是怎样一个人。
47. 我喜欢翻阅书籍及杂志,但只是想知道它的内容是什么。
48. 我不喜欢探寻事情发生的各种原因。

49. 我喜欢问一些别人没有想到的问题。

50. 无论在家里或在学校，我总是喜欢做许多有趣的事。

评分方法：

威廉斯创造力倾向测验共有50题，包括冒险性、好奇心、想象力、挑战性四项；测试后可得4种分数，加上总分，可获得5项分数。分数越高，创造力水平越高。

冒险性：包括1、5、21、24、25、28、29、35、36、43、44等11题。其中29、35为反向题目。计分方法分别为：正向题目，完全符合3分，部分符合2分，完全不符合1分；反向题目：完全符合1分，部分符合2分，完全不符合3分。

好奇心：包括2、8、11、12、19、27、33、34、37、38、39、47、48、49等14题。其中12、48为反向题目，计分方法同上。

想象力：包括6、13、14、16、20、22、23、30、31、32、40、45、46等13题。其中45题为反向题目，计分方法同前。

挑战性：包括3、4、7、9、10、15、17、18、26、41、42、50等12道题。其中，4、9、17题为反向题目，计分方法同前。

第五章 创业者的必备素养

第一节 创 业 者

一、创业者的概念

创业者的概念经历了一个历史的发展过程,来自法国的坎蒂隆是一位有名的经济学家,他于1775年首次把"创业者"这一概念引进了经济学领域。而法国的另一名经济学家萨伊,于1880年首次给"创业者"做出了定义,他将创业者诠释为有能力使经济资源从较低生产率区域迁移到较高生产率区域的人,并认为创业者是经济活动过程中的代理人。美籍奥地利的经济学家熊彼特提出创业者即为创新者,其必须具有发现更能赚钱的产品、服务和过程的能力。

综合以上对创业者概念的诠释可以得出创业者有以下6个共同特征:一是创业者必须是主导劳动方式的领导人;二是创业者必须拥有使命感、荣誉感和责任感;三是创业者必须拥有组织、运用技术和器物作业的能力;四是创业者必须是具有思考、推理、判断能力的人;五是创业者必须能使人追随并在追随的过程中获得利益;六是创业者必须是具有完全权利能力和行为能力的人。

创业者与一般人之所以不同,是因为创业者拥有高度的商业才能,这种能力不仅仅指创业者创办企业的能力,还指创业者在创业的整个过程中,都能够及时解决问题、做出正确决策、修正企业发展方向的能力,以及使企业不断发展壮大、保持长期活力,最终使其成为具有影响力企业的能力。此外,还应该从社会发展的角度,去界定创业者。也就是说,那些建立了新的商业模式并获得了好的发展的企业,不仅为社会提供了更多的就业机会,还为其他尚在发展的企业的壮大提供了模板,这些带来巨大财富的企业创立者也应被界定为创业者。

二、创业者的类型

根据创业动机不同,可将创业者分为三类:机会拉动型创业者、热情驱动型创业者、主动创业者。

创业往往始于一个好的想法或者创意,这样的创业者被称为机会拉动型创业者。一个成功的创业者有着敏锐的洞察力,能够发现创意背后流露出的商机,将创意转化为商机,构建盈利模式。有些敏锐的创业者在企业发展之初就能够制定出企业未来的发展战略,但也有一些创业者是在企业发展过程中与企业一起成长的,随着企业的发展不断地调整发展方向,持续为企业带来利润。

因为有着创业想法而开始创业,怀揣着强烈的创业梦,受到创业热情的驱动,梦想着自己做老板,这一类创业者被称为热情驱动型创业者。尽管这些人还无法脱离自己目前的职业约束,但是他们总会寻找机会创建自己的企业,并且获得成功的概率非常大。

创业是一个试错的过程,即便失败了,他们仍然能从中吸取教训,并迅速调整自己的想法,重新获得创业机会,这些人被称为主动创业者。创业者在创业过程中会遇到更多的挫折和层出不穷的问题。例如,资源短缺,市场发展不顺,合伙人突然退出等。如果创业失败,创业者可能一无所有,甚至负债。这使得很多人在是否选择创业的问题上犹豫不决。但创业本来就是一个充满不确定性的过程,同时又是一个创造的机会,这会带给创业者许多的乐趣和丰富的人生体验,让创业者尽情地享受。

无论驱动力是什么,把创业作为自己的人生愿景是创业者的共同特征。愿景是指想要永远为之拼搏并实现的前景。它是一种意愿的表达,预示着未来的目标、使命和核心价值,是人生最核心的内容,是最终想要达到的图景。当我们分析创业者的共同特征时,就会发现创业者的愿景可以归纳为以下几点:

(1)赚取更多的利润;

(2)获得更大的人生发展空间;

(3)体会成功的快乐;

(4)从事自己喜欢的事业;

(5)实现自我价值的提升。

现实生活中,创业愿景与实际情况之间往往存在较大的差距,并不是所有创业者都能取得成功或者获得较大的收益,在创业过程中创业者会遇到各种各样的挫折。因此,一个成功的创业者必定是一个敢于冒险、喜欢创造自己未来的人,坚定目标、充满勇气应该是创业者的人生第一课。

第二节 创业能力

创业能力是指拥有发现或创造一个新的领域,致力于理解创造新事物(新产品、新市场、新生产过程或原材料、组织现有技术的新方法)的能力,能运用各种方法去利用和开发它们,然后产生各种新的结果。

创业能力是一种特殊的能力,这种特殊能力往往影响创业活动的效率和创业的成功。创业能力包括战略管理能力、决策能力、经营管理能力、专业技术能力、交往协调能力、创新能力六部分。

一、战略管理能力

战略是依据企业的长期目标、行动计划和资源配置优先原则设定企业目标的方法。因为战略是为企业获取可持续竞争优势,而对外部环境中的机遇和威胁以及内部条件中的优势和劣势做出的反应,它是对企业竞争领域的确定,所以战略就是企业的生命线,战略也是企业腾飞的起跳板，一个及时、果敢、英明的战略决策是企业由蛹化蝶、由小到大、由平凡到伟大的最初推动力，错误的战略会葬送一个企业。战略管理能力包括战略思维能力、战略规划和设计能力等，它是创业者的核心领导能力。

二、决策能力

决策能力是创业者根据主客观条件，因地制宜，正确地确定创业的发展方向、目标战略以及具体选择实施方案的能力。决策能力是一个人综合能力的表现，一个创业者首先要成为一个决策者。创业者的决策能力通常包括分析、判断能力和创新能力。大学生要创业，首先要从众多的创业目标以及方向中进行分析比较，选择最适合发挥自己特长与优势的创业方向和途径、方法。在创业的过程中，能从错综复杂的现象中发现事物的本质，找出存在的真正问题，分析原因，从而正确处理问题，这就要求创业者具有良好的分析能力。所谓判断能力，就是能从客观事物的发展变化中找出因果关系，并善于从中把握事物的发展方向。分析是判断的前提，判断是分析的目的，良好的决策能力是良好的分析能力加果断的判断能力。创业实际就是一个充满创新的事业，所以创业者必须具备创新能力，有创新思维，无思维定式，不墨守成规，能根据客观情况的变化，及时提出新目标、新方案，不断开拓新局面，闯出新路子，可以说，不断创新是创业者不断前进的关键。

正确决策是保证创业活动顺利进行的前提。尤其是有关创业机会的识别和选择、创业团队的组建、创业资金的融通、企业发展战略以及商业模式的设计等重大决策，直接关系着对创业全局的驾驭和创业的成败。要正确决策，就要求创业者具有较强的信息获取和处理能力，能敏锐地洞察环境变动中所产生的商机和挑战，形成有价值的创意并付诸创业行动。特别是要随时了解同行业的经营状况及市场变化，了解竞争对手的情况，做到"知己知彼"，以便适时调整创业中的竞争策略，使所创之业拥有并保持竞争优势。同时，通过不断进行创新实践，进行反思和学习，总结创新经验，汲取失败教训，及时修正偏差和错误，进一步提高决策能力，促进企业健康成长。

三、经营管理能力

经营管理能力是指对人员、资金的管理能力。它涉及人员的选择、使用、组合和优化，也涉及资金的聚集、核算、分配、使用、流动。经营管理能力是一种较高层次的综合能力，是运筹性能力。它包括团队组建与管理能力、市场定位与开拓能力、企业文化设计与培育能力、应对突发事件的能力等。其中团队组建能力十分重要，一个企业需要细致的"内管家"、活跃的"外交家"、战略的"设计师"、执行的"工程师"、发散思维的"开拓者"、内敛倾向的"保守派"，需要技术研发、市场开拓和财务管理等方方面面的人才，工作分工不同，需要不同个性的人。创业者既要能够把不同专长、不同个性的人凝聚在一起，更要能够让他们在一起融合地、愉快地工作，组成优势互补的创业团队，形成协同优势。可以说，经营管理能力是解决企业生存问题的第一要素。

经营管理能力的形成要从学会经营、学会管理、学会用人、学会理财等几个方面去努力。

1. 学会经营

创业者一旦确定了创业目标，就要组织实施，为了在激烈的市场竞争中取得优势，必须学会经营。

2. 学会管理

要学会质量管理,要始终坚持质量第一的原则。质量是物质产品和服务的生命,创业者必须严格树立牢固的质量观。要学会效益管理,要始终坚持效益最佳原则,效益最佳是创业的终极目标。可以说,无效益的管理是失败的管理,无效益的创业是失败的创业。做到效益最佳要求在创业活动中,人、物、资金、场地、时间的使用,都要选择最佳方案。做到不闲人员和资金、不空设备和场地、不浪费原料和材料,使创业活动有条不紊地进行。学会管理还要敢于负责,创业者要对本企业、员工、消费者以及整个社会都抱有高度的责任感。

3. 学会用人

市场经济的竞争是人才的竞争,谁拥有人才,谁就拥有市场、拥有顾客。一所学校没有学识渊博、品德高尚的教师,这个学校必然办不好;一个企业没有优秀的管理人才、技术人才,这个企业就不会有好的经济效益和社会效益。一个创业者不吸纳德才兼备、志同道合的人共创事业,创业就难以成功。因此,必须学会用人,要善于吸纳比自己强或有某种专长的人共同创业。

4. 学会理财

学会理财首先要学会开源节流。开源就是培植财源,在创业过程中除了抓好主要项目创收外,还要注意广辟资金来源。节流就是节省不必要的开支,树立节约每一滴水、每一度电的意识。大凡百万富翁、亿万富翁都是从几百元、几千元起家的,都经历了聚少成多、勤俭节约的历程。其次,要学会管理资金。一是要把握好资金的预决算,做到心中有数;二是要把握好资金的进出和周转,每笔资金的来源和支出都要记账,做到有账可查;三是要把握好资金投入的论证,每投入一笔资金都要进行可行性论证,有利可图才投入,大利大投入、小利小投入,保证使用好每一笔资金。总之,创业者心中时刻装有一把算盘,每做一件事、每用一笔钱,都要掂量一下是否有利于事业的发展、有没有效益、会不会使资金增值,这样,才能理好财。

5. 要讲诚信

就创业者个人而言,诚信乃立身之本,"人而无信,不知其可也。"创业者在创业过程中,如不讲信誉,就无法开创出自己的事业。失去信誉,就会寸步难行。诚信,一是要言出即行;二是要讲质量;三是要以诚信动人。

四、专业技术能力

专业技术能力是创业者掌握和运用专业知识进行专业生产的能力。专业技术能力的形成具有很强的实践性。许多专业知识和专业技巧要在实践中摸索,逐步提高、发展、完善。创业者要重视创业过程中专业技术方面的知识积累和职业技能的训练,对于书本上介绍过的知识和经验在加深理解的基础上予以提高、拓宽;对于书本上没有介绍过的知识和经验要探索,在探索的过程中要详细记录、认真分析,进行总结、归纳,上升为理论,形成自己的经验特色,积累起来。只有这样,专业技术能力才会不断提高。

五、交往协调能力

交往协调能力是指能够妥善地处理与公众(政府部门、新闻媒体、客户等)之间的关系,以及能够协调下属各部门成员之间关系的能力。创业者应该做到妥当地处理与外界的关系,尤其要争取政府部门、工商以及税务部门的支持与理解,同时要善于团结一切可以团结的人,团结一切可以团结的力量,求同存异,共同协调发展。做到不失原则、灵活有度,善于巧妙地将原则性和灵活性结合起来。总之,创业者搞好内外团结,处理好人际关系,才能建立一个有利于自己创业的和谐环境,为成功创业打好基础。

交往协调能力在书本上是学不到的,它实际上是一种社会实践能力,需要在实践活动中学习,不断积累总结经验。这种能力的形成,一是要敢于与不熟悉的人和事打交道,敢于冒险和接受挑战,敢于承担责任和压力,对自己的决定和想法要充满信心、充满希望。二是养成观察与思考的习惯。社会上存在着许多复杂的人和事,在复杂的人和事面前要多观察、多思考,观察的过程实质上是调查的过程,是获取信息的过程,是掌握第一手材料的过程,观察得越仔细,掌握的信息就越准确。观察是为思考做准备,观察之后必须进行思考,做到三思而后行。三是处理好各种关系。可以说,社会活动是靠各种关系来维持的,处理好关系要善于应酬。应酬是职场上的"道具",是处事待人接物的表现。心理学家称:应酬的最高境界是在毫无强迫的气氛里,把诚意传达给别人,使别人受到感应,并产生共识,自愿接受自己的观点。搞好应酬要做到宽以待人,严于律己,尽量做到既了解对方的立场又让对方了解自己的立场。交往协调能力并不是天生的,也不会在学校里就形成了,而是走向社会后慢慢积累社会经验,逐步学习社会知识而形成的。

六、创新能力

创新是知识经济的主旋律,是企业化解外界风险和取得竞争优势的有效途径。创新能力是创业能力素质的重要组成部分。它包括两方面的含义:一是大脑活动的能力,即创造性思维、创造性想象、独立性思维和捕捉灵感的能力;二是创新实践的能力,即人在创新活动中完成创新任务的具体工作的能力。创新能力是一种综合能力,与人们的知识、技能、经验、心态等有着密切的关系。具有扎实的专业基础知识、熟练的专业技能、丰富的实践经验、良好的心态的人容易形成创新能力,创新能力取决于创新意识、智力、创造性思维和创造性想象等。

上述六个方面的基本素质中,每一项基本素质均有其独特的地位与功能,任何一个要素都会影响其他要素的形成和发展,影响其他要素的功能和作用的发挥,乃至影响创业的成功。因此,一个未来的创业者,不仅要注意在环境和教育的双重影响下培养自己的创业素质,而且要重视其整体结构的优化,在创业实践中不断提高自我的创业素质。

第三节 创业精神

创业精神是指在创业者的主观世界中,那些具有开创性的思想、观念、个性、意志、作风和品质等。激情、积极性、适应性、领导力和雄心壮志是创业精神的五大要素。

创业精神具有高度的综合性、三维整体性、超越历史的先进性、鲜明的时代特征这些基本特征。

哲学层次的创业思想和创业观念,是人们对于创业的理性认识;心理学层次的创业个性和创业意志,是人们创业的心理基础;行为学层次的创业作风和创业品质,是人们创业的行为模式。

创业精神是一个过程,即某个人或某个群体通过有组织的努力,以创新的和独特的方式追求机会、创造价值和谋求增长,不管这些人手中是否拥有资源。创业精神包括发现机会和调度资源去开发这些机会。

关于创业精神的定义包括三个重要的主题:

第一个主题是对机会的追求,创业精神是追求环境的趋势和变化,而且往往是尚未被人们注意的趋势和变化。

第二个重要的主题是创新。创业精神包含了变革、革新、转换和引入新方法——即新产品、新服务或者是做生意的新方式。

第三个主题是增长。创业者追求增长,他们不满足于停留在小规模或现有的规模上,创业者希望他们的企业能够尽可能地增长,员工能够拼命工作。因为他们在不断寻找新趋势和机会,不断地创新,不断地推出新产品和新的经营方式。

创业精神的概念最早出现于18世纪,其含义一直在不断演化。很多人仅把它等同于创办个人工商企业,但大多数经济学家认为,创业精神的含义要广泛得多。

对某些经济学家来说,创业者(entrepreneur)是指在有盈利机会的情况下自愿承担风险创业的人。另一些经济学家则强调,创业者是一个推销自己新产品的创新者。还有一些经济学家认为,创业者是那种将有市场需求却尚无供应的新产品和新工艺开发出来的人。

20世纪的经济学家约瑟夫·熊彼特专门研究了创业者创新和追求进步的积极性所导致的动荡和变化。熊彼特将创业精神看作一股"创造性的破坏"力量。创业者采用的"新组合"使旧产业遭到淘汰。原有的经营方式被新的、更好的方式所摧毁。

管理学专家彼得·德鲁克将这一理念更推进了一步,称创业者是主动寻求变化、对变化做出反应并将变化视为机会的人。只要看一看传播手段所经历的变化——从打字机到个人计算机到互联网,这一点便一目了然。

今天的大多数经济学家都认为,创业精神是在各类社会中刺激经济增长和创造就业机会的一个必要因素。在发展中国家,成功的小企业是创造就业机会、增加收入和减少贫困的主要动力。因此,政府对创业的支持是促进经济发展的一项极为重要的策略。

诚如经合组织商务产业咨询委员会(Business and Industry Advisory Committee to the Organization for Economic Cooperation and Development)2003年所指出:"培育创业精神的政策是创造就业机会和促进经济增长的关键。"政府官员可以采用优惠措施,鼓励人们不畏风险,创建新企业。这类措施包括实施保护产权的法律和鼓励竞争性的市场机制。

社会群体文化也与创业精神相关。创业精神在不同文化中的差异在某种程度上取决于创业所能得到的回报。看重社会地位和专业经验的文化可能不利于创业,而推崇通过个人奋斗取得成功的文化或政策则很可能鼓励创业精神。

创业精神的本质仍着重于一种创新活动的行为过程,而非企业家的个性特征。创业精神的主要含义为创新,也就是创业者通过创新的手段,将资源更有效地利用,为市场创造出新的价值。虽然创业常常是以开创新公司的方式产生,但创业精神不一定只存在于新企业。一些成熟的组织,只要创新活动仍然旺盛,该组织依然具备创业精神。

创业精神类似一种能够持续创新成长的生命力,一般可区分为个体的创业精神及组织的创业精神。所谓个体的创业精神,指的是以个人力量,在个人愿景引导下,从事创新活动,并进而创造一个新企业;而组织的创业精神则指在已存在的一个组织内部,以群体力量追求共同愿景,从事组织创新活动,进而创造组织的新面貌。

创业是指创业者以自己的想法及努力工作来开创一个新企业,包括新公司的成立、组织中新单位的成立,以及提供新产品或新服务,以实现创业者的理想。创业本身是一种无中生有的历程,只要创业者具备求新、求变、求发展的心态,以创造新价值的方式为新企业创造利润,那么我们就能说这一过程中充满了创业精神。

创业精神所关注的在于"是否创造新的价值",而不在于设立新公司,因此创业管理的关键在于创业过程能否"将新事物带入现存的市场活动中",包括新产品或服务、新的管理制度、新的流程等。创业精神指的是一种追求机会的行为,这些机会还不存在于资源应用的范围,但未来有可能创造资源应用的新价值。因此我们可以说,创业精神即促成新企业形成、发展和成长的原动力。

一、创业精神的基本特征

1. 高度的综合性

创业精神是由多种精神特质综合作用而成的。诸如创新精神、拼搏精神、进取精神、合作精神等都是形成创业精神的特质精神。

2. 三维整体性

无论是创业精神的产生、形成和内化,还是创业精神的外显、展现和外化,都是由哲学层次的创业思想和创业观念、心理学层次的创业个性和创业意志、行为学层次的创业作风和创业品质三个层面所构成的整体,缺少其中任何一个层面,都无法构成创业精神。

3. 超越历史的先进性

创业精神的最终体现就是开创前无古人的事业,创业精神本身必然具有超越历史的先进性,想前人之不敢想、做前人之不敢做。

4. 鲜明的时代特征

不同时代的人们面对着不同的物质生活和精神生活条件,创业精神的物质基础和精神营养也就各不相同,创业精神的具体内涵也就不同。创业精神对创业实践有重要意义,它是创业理想产生的原动力,是创业成功的重要保证。

二、创业精神的五大要素

具备创业精神的五种性格特征,创业者将在创业路途上勇往直前。

我们经常听那些有名的企业家说起:在他们还没有运作百万美元规模的公司之前,借着在街边售卖饮料、在车库里生产些小玩意,他们逐步培养起自己的经商技能。看起来好像每一位成功的大人物都是为了商业而生的。

不过企业家到底有哪些与众不同之处呢?是什么令某些人能够充满自信地积极面对失败和挫折,先人一步达成自己的目标?

创业精神是一种天赋。我们可以从下面这些企业家身上找到创业精神的最佳定义。

1. 激情

没有人能比维珍集团(Virgin Group)创始人理查德·布兰森(Richard Branson)更理解

"激情"一词的含义。布兰森的激情,从他对创建公司的强烈欲望中可窥一斑。始建于1970年的维珍集团,旗下拥有超过200家公司,业务范围涵盖音乐、出版、移动电话,甚至太空旅行。布兰森曾打过一个比方,"生意就好像公共汽车,总会有下一班车过来。"

2. 积极性

亚马逊创始人杰夫·贝索斯(Jeff Bezos)非常清楚积极思考的能量。他以"每个挑战都是一次机会"为座右铭。事实上,贝索斯把一家很小的互联网创业公司,发展成全球最大的书店。

亚马逊于1995年7月正式启动,两个月内就轻松实现每周2万美元的销售额。20世纪90年代末,互联网公司纷纷倒闭,亚马逊股价也从100美元降至6美元。雪上加霜的是,一些评论家预测,美国最大的书店巴诺(Barnes & Noble)启动在线业务,这将彻底击垮亚马逊。紧要关头贝索斯挺身而出,向外界表达了乐观和信心,针对批评言论,他还一一列举公司的积极因素,包括已经完成的和准备实施的。

贝索斯带领亚马逊不断壮大,出售从图书到衣服、玩具等各种商品。今天,亚马逊年度营收已超过百亿美元,这很大程度上得益于贝索斯的积极思考。

3. 适应性

适应能力是企业家应具备的最重要的特质之一。每个成功的企业主,都乐于改进、提升或按照客户意愿定制服务,以持续满足客户所需。

Google创办人谢尔盖·布林(Sergey Brin)和拉里·佩奇(Larry Page)更进一步,他们不仅对变化及时做出反应,还引领发展方向。凭借众多新创意,谷歌不断引领互联网发展,将人们的所见所闻提升到一个前所未有的新境界,你可以想想Google Earth技术带来的变化。拥有这种先锋精神,也无怪乎谷歌能跻身最强大的网络公司行列。

4. 领导力

好的领导人一定具有很强的个人魅力和感召力,有道德感,有在组织里树立诚信原则的意愿;他也可能是个热心人,具有团队协作精神。在玫琳凯·艾施女士(Mary Kay Ash)身上我们可以发现所有这些元素。她创建了玫琳凯(Mary Kay Cosmetics)品牌,帮助超过50万名女性开创了自己的事业。

很早以前,身为单亲母亲的艾施在一个家用产品公司做销售。虽然25年间她的销售业绩一直名列前茅,但是由于性别歧视,艾施无法在晋升和加薪时获得和男同事一样的待遇。艾施终于受够了这种待遇,1963年她用5 000美元创办了玫琳凯公司。

艾施以具有强大驱动力和富于灵感的领导风格闻名,她创办公司的态度是"你能做到!"她甚至会用凯迪拉克轿车奖给顶尖的销售者。由于其强大的领导力,艾施被认为是近35年来最具影响力的25位商业领袖之一,而玫琳凯也被评为美国最适合工作的企业之一。

5. 雄心壮志

20岁时,戴比·菲尔兹(Debbi Fields)几乎一无所有。作为一个年轻的家庭主妇,她毫无商业经验,但她拥有绝佳的巧克力甜饼配方,并梦想全世界的人都能分享到。

1977年,菲尔兹开设了自己第一家店(Mrs. Field's),尽管很多人认为她仅靠卖甜饼无法将业务维持下去。菲尔兹的果断决定和雄心壮志使得小小甜饼店变成了一家大公司,600多个销售点遍布美国和其他10个国家。

案例分享　北大校花李莹：三年的财富神话

李莹曾荣获"北京十大杰出青年"称号，荣获 2004 年度亚洲最具时尚魅力的女人；她曾以 3 年时间创造了赚钱 1 000 万元的财富神话；她在 2 000 多名经销商的竞争中脱颖而出，被第一个授予宝马代理权。李莹是一个有头脑、有思想、有追求的女性，一个不达目的不轻言放弃的女性。她善于经营生意，更善于经营生活。她赢得了事业、家庭和幸福。

一、勇敢地抉择

李莹认为，大学 5 年的教育，对她最深刻的影响就是对自由的珍视和对自我的关爱。如果你爱自由，独立不羁，那就去追寻，你认为什么生活方式是适合你自己的，你就去做。

在老师和同学的心目中，李莹不但学习成绩好，人又长得漂亮，还多才多艺。在他们看来，李莹前程似锦，等待她的是铺满鲜花和阳光的大道。这样的估量一点没有错，1992 年毕业时，三个美好的机会和前景降临到她头上：外交部门、研究单位和日资企业。但是她都一一否定了。"我从小就知道，自己要的是跟别的女孩子不一样的生活。"她不想因外事纪律的限制而影响她对德籍华人的男友的追随；她不要研究单位清贫的生活；她也不愿意在日资企业受寄人篱下的制约。她想的是："真正渴望有那么一天，拥有一笔财富，无须看旁人眼色，买喜欢的衣服，去想去的地方，自主决定情感的施与受，精神世界任去留。"要实现它，最理想的职业便是经商，李莹下定决心，纵身一跃——"下海"了。

开始创业时资金不足，恰巧在北大留学读经济学博士的男友寒假回德国，结识了医疗器械公司的老板和卷烟公司的总经理，李莹就做他们的代理商。她一人既是经理，又管财务，还是仓库保管员。她对医疗器械和烟草一无所知，看厚厚的医疗器械说明书像看天书，对两个行业的人际关系也是两眼一抹黑。她请人将说明书翻译成汉语。然后就硬着头皮跑医院、护士、医生、专家、主任都找，他们都是她的老师。协和医院的专家指点她："心血管系统的医疗器械，阜外医院最需要。"她跑到阜外，中心主任看完资料说："你们行业竞争激烈，来找我们的人很多，但我很欣赏你的率真和热情。给你提个建议吧，3 月份北京有个会，全国心脏外科 150 多位专家出席，你不妨去参加。"李莹在这次会上认识了许多医疗器械专家，销售的大门也由此打开了。

二、做的第一笔生意使她终生难忘

1992 年的一个冬夜，某医院急需一批心脏手术用的插管，虽然价值只有 1 600 元，却是公司开张后的一笔"大单"。她顾不得天寒地冻，披上大衣，要了一辆"面的"，赶到医院匆匆把设备箱搬上楼，验收完，等着医院付款，催了又催，费尽周折，才挣了几百元钱，但心里却特别高兴。"回想起来，那时真的很辛苦，但心里很快乐，比现在挣几百万还高兴。"

三、美丽的神话

在一次有 2 000 多个经销商参与的市场竞争中，李莹充分展现了过硬的综合实力——足够的储备资金和银行存款证明、地段好够水平的展厅、对宝马品牌的深刻理解和一整套胜人一筹的营销策略，以及李莹身上独特的自信个性和文化气质，这些使她得到了宝马公司的认可。在其后的考察中，她雄厚的资金实力和寸土寸金的店址得到对方的赞赏。最终在 6 家经销商中，李莹的"盈之宝"脱颖而出，第一个获得授权，并于 2004 年 4 月 17 日在京开业。

四、多彩的生活

"我不希望自己的生活单调,无论在工作中还是在家庭里,无论贫困还是富裕,我都希望通过一种与众不同的生活,活出精彩来。"李莹说。

说到企业家和女强人,大多数人都会觉得她们往往会因紧张的工作而忙得不可开交,生活被工作填满,几乎没有休闲和娱乐,难以顾及家庭。然而,李莹则不同,她善于安排时间,董事长的职位也使她比较超脱。她会在忙碌的工作之余,同著名歌唱家欣赏歌剧,同中芭演员一起观看芭蕾舞表演,或者和著名导演谈论电影、话剧的表演艺术,与画家流连于画展、雕塑展,同职业的高尔夫球手探讨球技。这并非附庸风雅,这是她的爱好。同时,也不忘从他们身上汲取营养,充实和提升自己。

抚今追昔,李莹常常会问自己,人为何而活着。她反复思考得出的答案是:"人活着应珍惜光阴,善待人生,看破名利,有所作为,充实每一天,过好每一天。"

评析:李莹是一个乐于挑战、喜欢创造自己未来的人。好强的个性和执着的追求,使李莹毕业后放弃了较好的就业机会,踏上了艰难的创业之路。这一路上充满了艰难和坎坷,李莹始终没有放弃,因为她比谁都清楚自己想要的是什么,她凭借着坚定的目标和不懈的努力一步步走向成功,从而获得创业乐趣和丰富的生活体验。因此,对于大学生创业者来说,树立坚定的目标是至关重要的。

(资料来源于网络,有改动)

拓展活动　创业能力测试

1. 你父母或兄弟有过创业的经历吗?
   是:加1分　　否:减1分
2. 在学校时你学习成绩名列前茅吗?
   是:减4分　　否:加4分
3. 在学校时,你是否喜欢参加群体活动,如俱乐部的活动或集体运动项目?
   是:减1分　　否:加1分
4. 少年时代,你是否更愿意一个人待着而不太喜欢和小朋友一起玩?
   是:加1分　　否:减1分
5. 你是否参加过学校工作人员的竞选,或是自己做生意,如卖柠檬水、办家庭报纸或者出售贺卡?
   是:加2分　　否:减2分
6. 你个性是否很倔强,不轻易改变?
   是:加1分　　否:减1分
7. 你做事情很谨慎吗?
   是:减4分　　否:加4分
8. 你小时候是否有过比较冒险或者有挑战性的经历,并记忆深刻?

是：加4分　　否：减4分

9. 你的行为受别人意见的影响大吗？

是：减1分　　否：加1分

10. 改变固定的日常生活模式是否是你开创自己的生意的一个动机？

是：加2分　　否：减2分

11. 也许你很喜欢工作，但是你是否愿意晚上也工作？

是：加2分　　否：减6分

12. 你是否愿意随工作要求而延长工作时间，可以为完成一项工作而只睡一会儿，甚至根本不睡？

是：加4分　　否：减4分

13. 在你成功完成一项工作之后，你是否会马上开始另一项工作？

是：加2分　　否：减2分

14. 你是否愿意用你的积蓄开创自己的生意？

是：加2分　　否：减2分

15. 你是否愿意把自己喜欢的书或者珍惜的东西与别人分享？

是：加2分　　否：减2分

16. 如果你的生意失败了，你是否会立即开始另一个？

是：加4分　　否：减4分

17. 如果你的生意失败了，你是否会立即开始找一个有固定工资的工作解决生计问题呢？

是：减1分　　否：加1分

18. 你是否认为作为一个企业家很有风险，时刻面临失败和倒闭？

是：减2分　　否：加2分

19. 你是否规划好了自己长期和短期的目标？

是：加1分　　否：减1分

20. 你是否认为自己能够以非常职业的态度对待经手的现金？

是：加2分　　否：减2分

21. 你是否很容易烦？

是：加2分　　否：减2分

22. 你是否很乐观？

是：加2分　　否：减2分

结果说明：

35分到44分——绝对适合创业。

得35分以上的人士不自己创业，简直是资源浪费！

15分到34分——非常适合创业。

如果你的得分在15分到34分，那你应该说是个"老板坯子"。

0分到14分——很有可能创业。

你的人生其实可以有许多选择，包括选择自己创业还是就做个高级白领。你的智商和情商发展均衡，这意味着你在很多选择中可进可退，可攻可守。

　　—1分到—15分——也许有可能创业。

　　如果你非要走创业之途，应该说也有属于自己的机会，但首先要克服很多困难，包括环境，也包括你自身的思维方式与性格制约。

　　—16分到—43分——不适合创业。

　　（资料来源于网络，有改动）

第六章 创业团队

第一节 创业团队的构建

一、创业团队的定义

创业团队是为进行创业而形成的集体。它使各成员(包括创业搭档团队成员)联合起来,在行为上形成彼此影响的交互作用,在心理上意识到其他成员的存在及彼此相互归属的感受和工作精神。

这种集体不同于一般意义上的社会团体,它存在于企业之中,因创业的关系而连接起来,却又超乎个人、领导和组织之外。它的范围比创业搭档团队要大一些。优秀创业团队具有的基本因素有:一个胜任的团队带头人;彼此十分熟悉,能够相互很好地配合的团队成员;创业所必需的足够的相关技能。

一般来说,创业者将创意转变成真正意义上的产品,并且使其进入市场并获得盈利,要从人、财、物等角度考虑公司的建设。人才的支持对于创业者来说不仅仅是创业资源,而且是创业成功的助推器。创业者在创业之初,就需要建设一支有凝聚力、有工作效率的团队来为自己的新企业服务。

关于创业团队的含义,斯蒂芬·P. 罗宾斯(Stephen P. Robbins)在《组织行为学》一书中是这么定义的:"创业团队就是由两个或者两个以上的,相互作用、相互依赖的个体,为了特定目标而按照一定规则结合在一起的组织。"对创业团队的界定包括以下几个方面的条件:①在企业创立的较早阶段就加入企业;②拥有企业的股份;③在企业内部承担相应的管理工作或者其他任务。因此,创业团队是由两个或两个以上的人组成的,具有共同的财务方面的义务等,对企业的未来和成功承担责任;在追求共同目标和成功方面相互依赖;在企业成立前和创办时,担负相应的责任;此外,外界及他们自身都将他们视作一个社会团体。

二、创业团队构成要素

创业团队构成要素包括以下几个方面。

1. 目标

目标(purpose)是指团队应该有一个共同的既定目标,为团队成员导航,知道要向何处去。没有目标,这个团队就没有存在的价值。作为创业团队,应将目标分为长期目标与短期目标。

长期目标即公司的愿景,短期目标则是长期目标的分解。目标的完成过程,应当是所有团队成员共同努力的过程,而不能成为创业者自己奋斗的辛酸史。

2. 人

人(people)是构成团队最核心的力量,2个以上(包含2个)的人就可以构成团队。目标是通过人员具体实现的,所以人员的选择是团队中非常重要的一部分。一般来说,创业者都愿意选择那些技能最优、经验丰富的人员作为创业团队成员。当这些人员进入团队时,如何留住他们就成为摆在创业者面前的一个难题,如果处理不得当,就会造成人才的流失,这是创业过程中的普遍现象之一。

3. 定位

定位(place)通常包含两个层次:团队在企业中的定位,是指团队在企业中所扮演的角色以及团队内部的决策力和执行力;成员在团队中的定位,是指团队成员在团队中扮演的角色及团队内部决策的制定和执行。

4. 权限

权限(power)是指新企业中职、责、权的划分与管理。一般来说,团队的权限与企业的大小、正规程度相关。在新企业的团队中,核心领导者的权力很大,随着团队的成熟,核心领导者的权限会降低,这是一个团队成熟的表现。

5. 计划

计划(plan)有两层含义:一方面是为保证目标的实现而制订的具体实施方案;另一方面,计划在实施中又会分解出细节性的计划,需要团队共同努力完成。

以上是团队构成的要素。但是创业之初,创业者往往会面临很多困难,团队的建设并不像想象中的那样简单,这需要创业者有心理准备。有时创业过程会与团队组建一起完成,由于创业活动的特殊性,创业团队不必具备每一个因素。随着企业发展逐步成熟,团队建设也应该逐步完善,创业者应当时刻记得一句俗语——"三个臭皮匠,顶个诸葛亮",这正说明创业团队在创业过程中的重要性。

三、创业团队构建的风险

(一)创业团队构建的风险成因

1. 盲目照搬成功的组建模式

创业团队的组建基本可以分成三种模式:关系驱动、要素驱动和价值驱动。关系驱动是指以创业领导者为核心的人际关系圈内成员构成团队。他们因为经验、友谊和共同兴趣结成合作伙伴,彼此发现商业机会后共同创业。要素驱动是指创业团队成员分别贡献创业所需的创意资源和操作技能等要素。由于这些要素完全互补,团队成员之间处于相对平等的地位。价值驱动是指创业团队成员将创业视为一种实现自我价值的手段,他们的使命感很强,成功的冲动也很强。不同的组建模式适用的条件不尽相同。如果盲目照搬照套某种组建模式,会给企业带来巨大的风险。现在应用最广泛的是关系驱动模式,它比较适合中国文化的特点,其团队的稳定性相对较高。但是,关系的远近亲疏经常会成为制约团队发展的瓶颈。要素驱动模式比较符合西方文化的特点,现在的互联网创业团队大多属于这种模式,如果成员之间磨合顺利,可以缩短企业成功所需的时间,但是如果磨合不顺利,就很容易发生解散风险。价值驱动模式中的团队成员虽然是为了追求自我实现组合在一起的,但是一旦产生分歧,就是路线斗争,没有妥协的余地。

2. 团队成员选择具有随意性和偶然性

创业团队是要将个体的力量整合为集聚的攻击力,并保持这种攻击力的持久性。英国学者贝尔宾曾经考察了 1000 多支团队,研究理想创业团队的构成,最后提出了"九种角色"论,即成功的团队必须包含九种不同角色的人。这九种角色分别是:提出创新观点并做出决策的创新者;将思想语言转化为行动的实干者;将目标分类,进行角色职责与义务分配的协调者;促进决策实施的推进者;引进信息与外部谈判的信息者;分析问题与看法并评估别人贡献的监督者;给予个人支持并帮助他人的凝聚者;强调任务的时效性并完成任务的完美主义者;具有专业技能和知识的专家。

但是,在组建初期由于规模和人数的限制,创业团队在成员选择方面考虑不够全面,过于随意和偶然,甚至只是因为碰巧谈到创业问题而一拍即合,所以不可能具备所有这九种角色,之后又没有进行及时的补充,或是在团队中承担某种角色的人才过多,团队成员之间角色和优势重复,这些都会引发各种矛盾,最终导致整个创业团队的散伙。西安海星集团作为一家民营高科技企业,最初的创业团队是海星集团现任总裁荣海和他的大学室友以及学生共同组建的,两年多的时间里海星集团创造了 30 万元的财务业绩,但是创业团队却面临着大分裂,每个人都认为自己有能力挣钱,这与其成员能力和优势重复以及利润分配不合理有着密切的关系。

3. 缺乏明确和一致的团队目标

心理学家马斯洛指出:杰出团队的显著特征是具有共同的愿景与目标。凝聚人心的愿景与经营理念是团队合作的基础;目标则是共同愿景在客观环境中的具体化,能够为团队成员指明方向,是团队运行的核心动力。

事实上,在创业初期,创业团队的目标一般并不十分清晰和明确,可能只是一个朦胧的发展方向,有些人甚至不明白自己为什么会走上创业的道路。而且即使创业领导者的目标明确,也不能保证其他成员都能够正确、准确地理解团队目标的含义。随着创业进程的推进以及外界环境的变化,团队成员可能会发现原先确定的目标和现实之间存在差距,必须对目标进行适当调整,此时如果团队成员之间意见难以调和,或是个人目标与组织目标出现较大的不一致,那么团队就会面临着解散的风险。联想的柳传志非常重视市场导向,而倪光南则十分强调技术导向,他们在经营理念和创业目标上的不一致导致了曾被誉为"中关村最佳拍档"的联想创业组合的分裂,给当时的联想企业带来了巨大的冲击。

4. 激励机制尤其是利润分配方式不完善

有效激励是企业长期保持团队士气的关键。如果缺乏有效的激励,团队或者组织的生命都难以长久。有效激励的重点是给予团队成员合理的"利益补偿"。根据 2004 年 6 月对 200 多位在职工商管理研修班的学员进行的"创业管理调查"结果得知,导致中国现阶段创业团队散伙的前两个主要原因是团队矛盾(26%)和利益分配(15%)。团队矛盾的背后或多或少存在利益的影响,因此可以看出,合理的利益分配对于创业团队的持续长期发展有着重要的意义。

实际上,在团队组建初期,由于企业前途未卜,各成员在创业企业中的作用和贡献无法准确衡量,因此团队无法给出一个明确的利润分配方案,可能只是简单地采取平均主义的做法,这样,随着企业的发展和利润的增加,团队成员在利润分配上就会出现争议,从而导致创业团队解散。无锡尚德太阳能电力有限公司在创业初始的两年里一直处于亏损状态,后来业务稍有起色,就因为利润分配方案不健全等原因,五个人的创业团队走了四人,只剩下施正荣支撑尚德公司,而且离开的四人后来均进入了光伏电池行业,成为施正荣的竞争对手。

(二)创业团队构建的风险控制

1. 选择合理的团队成员

建立优势互补的创业团队是保持创业团队稳定性的关键,也是规避和降低团队组建模式风险的有效手段。在团队创建初期,人数不宜过多,能满足基本的需求即可。在成员选择上,要综合考虑成员在能力和技术上的互补性,基本保证具备理想团队所需的九种角色。而且,成员的能力和技术应该处于同一等级,不宜差异过大。如果团队成员在对项目的理解能力、表达能力、执行能力、社会资源能力、思维创新能力等方面存在较大的差异性,就会产生严重的沟通和执行障碍。

此外,在选择成员时还要考虑创业激情的影响。在企业初创期,所有成员每天都需要超负荷工作,如果缺乏创业激情和对事业的信心,不管其专业水平多高,都可能成为团队中的消极因素,对其他成员产生致命的负面影响。

"携程网"的成功,除了抓住了互联网快速发展的契机,有一个良好的创业团队是关键。"携程网"的团队成员来自美国甲骨文公司、德意志银行和上海旅行社等,是技术、管理、金融运作和旅游的完美组合。大家共同创业,分享各自的知识和经验,避开了很多创业"雷区"。

2. 确定清晰的创业目标

创业团队在实践中要不断总结和吸取教训,形成一致的创业思路,勾画出共同的目标,以此作为团队努力的目标和方向,鼓励团队成员积极掌握工作内容和职责,竭诚与他人合作交流,贡献个人能力。

创业团队的目标必须清晰明确,能够集中体现出团队成员的利益,与团队成员的价值取向一致,并保证所有团队成员都能正确理解,这样才能发挥鼓励和激励团队成员的作用。此外,创业团队的目标还必须切实可行,既不应太高,也不应太低,而且能够随着环境和组织的变化及时更新和调整。

1998年成立于北京的交大铭泰,主要从事研究、开发及销售以翻译软件为主的四大系列软件产品。其在创业初期就确定了三年内成为我国最大应用软件和服务提供商的目标以及具体的发展战略。明确的创业目标保证了团队成员的稳定性,其成员自创业以来基本上没有太大变化,这不仅带来了企业凝聚力的提高,也使交大铭泰在企业创新方面取得了较大突破。交大铭泰很快成为国内第一个通用软件上市公司,亚洲首只"信息本地化概念股",2004年香港股市第一家上市企业。

3. 制定有效的激励机制

正确判断团队成员的"利益需求"是有效激励的前提。实际上,不同类型的人员对于利益的需求并不完全一样,有些成员将物质追求放在第一位,而有些成员则是希望能够获得荣誉、发展机会、能力提高等其他利益。因此,创业团队的领导者必须加强与团队成员的交流,针对各成员的情况采取合理的激励措施。

创业团队的利润分配体系必须体现出个人贡献价值的差异,而且要以团队成员在整个创业过程中的表现为依据,而不仅是某一阶段的业绩。其具体分配方式要具有灵活性,既包括诸如股权、工资、奖金等物质利益,也包括个人成长机会和相关技能培训等内容,并且能够根据团队成员的期望进行适时调整。

腾讯公司马化腾的创业团队多年来十分稳定,与其利润分配机制的有效性是分不开的。虽然腾讯公司的股权多次转让,但是它的五位创办人一直共同持有公司的大部分股份。公司的上市更是使得创业团队的五位成员均成为亿万富翁。

四、创业团队的组建

创业团队是两个或两个以上具有一定利益关系的、拥有所创建企业所有权或处于高层主管位置,并共同承担创建和领导新企业责任的人所组成的工作群体。

团队能提高机会识别、开发和利用能力;团队能提高新企业运作能力,发挥协同效应;团队能为加强组织发展和管理工作提供独特社会角度;团队有利于营造更加轻松愉快的心理环境。

(一)创业团队组建的基本原则

1. 目标明确合理原则

目标必须明确,这样才能使团队成员清楚地认识到共同的奋斗方向是什么。与此同时,目标也必须是合理的、切实可行的,这样才能真正达到激励的目的。

2. 互补原则

创业者之所以寻求团队合作,其目的就在于弥补创业目标与自身能力间的差距。只有当团队成员相互间在知识、技能、经验等方面实现互补时,才有可能通过相互协作发挥出"1+1>2"的协同效应。

3. 精简高效原则

为了减少创业期的运作成本、最大比例地分享成果,创业团队人员构成应在保证企业能高效运作的前提下尽量精简。

4. 动态开放原则

创业过程是一个充满了不确定性的过程,团队中可能因为能力、观念等多种原因不断有人在离开,同时也有人在要求加入,因此,在组建创业团队时,应注意保持团队的动态性和开放性,使真正完美匹配的人员能被吸纳到创业团队中来。

(二)创业团队组建的主要影响因素

创业团队的组建受多种因素的影响,这些因素相互作用、共同影响着组建过程并进一步影响着团队建成后的运行效率。

1. 创业者

创业者的能力和思想意识从根本上决定了是否要组建创业团队、团队组建的时间表以及由哪些人组成团队。创业者只有在意识到组建团队可以弥补自身能力与创业目标之间存在的差距时,才有可能考虑组建创业团队,并对什么时候需要引进什么样的人员才能和自己形成互补做出准确判断。

2. 商机

不同类型的商机需要的创业团队的类型不同。创业者应根据创业者与商机间的匹配程度,决定是否要组建团队以及何时、如何组建团队。

3. 团队目标与价值观

共同的价值观、统一的目标是组建创业团队的前提,团队成员若不认可团队目标,就不可能全心全意为此目标的实现而与其他团队成员相互合作、共同奋斗。而不同的价值观将直接导致团队成员在创业过程中脱离团队,进而削弱创业团队作用的发挥。没有一致的目标和共同的价值观,创业团队即使组建起来,也无法有效发挥协同作用,缺乏战斗力。

4. 团队成员

团队成员的能力的总和决定了创业团队的整体能力和发展潜力。创业团队成员的才能互补是组建创业团队的必要条件,而团队成员间的互信是形成团队的基础。互信的缺乏,将直接导致团队成员间协作障碍的出现。

5. 外部环境

创业团队的生存和发展直接受到了制度性环境、基础设施服务、经济环境、社会环境、市场环境、资源环境等多种外部要素的影响。这些外部环境要素从宏观上间接地影响着对创业团队组建类型的需求。

(三)创业团队组建的程序及其主要工作

创业团队的组建是一个相当复杂的过程,不同类型的创业项目所需的团队不一样,创建步骤也不完全相同。概括来讲,大致的组建程序如图6-1所示。

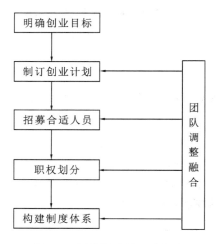

图 6-1 创业团队的组建程序

创业团队组建的主要工作如下。

1. 明确创业目标

创业团队的总目标就是要通过完成创业阶段的技术、市场、规划、组织、管理等各项工作实现企业从无到有、从起步到成熟。总目标确定之后,为了推动团队最终实现创业目标,再将总目标加以分解,设定若干可行的、阶段性的子目标。

2. 制订创业计划

在确定了一个个阶段性子目标以及总目标之后,紧接着就要研究如何实现这些目标,这就需要制订周密的创业计划。创业计划是在对创业目标进行具体分解的基础上,以团队为整体来考虑的计划。创业计划确定了在不同的创业阶段需要完成的阶段性任务,通过逐步实现这些阶段性目标来最终实现创业目标。

3. 招募合适的人员

招募合适的人员是创业团队组建最关键的一步。关于创业团队成员的招募,主要应考虑两个方面。一是考虑互补性,即考虑其能否与其他成员在能力或技术上形成互补。这种互补性既有助于强化团队成员间的彼此合作,又能保证整个团队的战斗力,更好地发挥团队的作用。一般而言,创业团队至少需要管理、技术和营销三个方面的人才。只有这三个方面的人才形成良好的沟通协作关系后,创业团队才可能实现稳定高效。二是考虑适度规模,适度的团队规模是保证团队高效运转的重要条件。团队成员太少则无法实现团队的功能和优势,而过多又可能会产生交流的障碍,团队很可能会分裂成许多较小的团体,进而大大削弱团队的凝聚力。一般认为,创业团队的规模控制在2~12人之间最佳。

4. 职权划分

为了保证团队成员执行创业计划、顺利开展各项工作,必须预先在团队内部进行职权的划分。创业团队的职权划分就是根据执行创业计划的需要,具体确定每个团队成员所要担负的职责以及相应所享有的权限。团队成员间职权的划分必须明确,既要避免职权的重叠和交叉,也要避免无人承担造成工作上的疏漏。此外,由于还处于创业过程中,面临的创业环境又是动态复杂的,不断会出现新的问题,团队成员可能不断出现更换,因此创业团队成员的职权也应根据需要不断地进行调整。

5. 构建创业团队制度体系

创业团队制度体系体现了创业团队对成员的控制和激励能力,主要包括团队的各种约束制度和各种激励制度。一方面,创业团队通过各种约束制度(主要包括纪律条例、组织条例、财务条例、保密条例等)指导其成员避免做出不利于团队发展的行为,实现对其行为进行有效的约束,保证团队的稳定秩序;另一方面,创业团队要实现高效运作需要有效的激励机制(主要包括利益分配方案、奖惩制度、考核标准、激励措施等),使团队成员能看到随着创业目标的实现,其自身利益将会得到怎样的改变,从而达到充分调动成员的积极性、最大限度发挥团队成员作用的目的。要实现有效的激励,首先就必须把成员的收益模式界定清楚,尤其是关于股权、奖惩等与团队成员利益密切相关的事宜。需要注意的是,创业团队的制度体系应以规范化的书面形式确定下来,以免带来不必要的混乱。

6. 团队的调整融合

完美组合的创业团队并非创业一开始就能建立起来,很多时候是在企业创立一定时间以后随着企业的发展逐步形成的。随着团队的运作,团队组建时在人员匹配、制度设计、职权划分等方面的不合理之处会逐渐暴露出来,这时就需要对团队进行调整融合。由于问题的暴露需要一个过程,因此团队的调整融合也应是一个动态持续的过程。如图6-1所示,在完成了前面的工作步骤之后,团队调整融合工作专门针对运行中出现的问题不断地对前面的步骤进行调整,直至满足实践需要为止。在进行团队调整融合的过程中,最为重要的是要保证团队成员间经常进行有效的沟通与协调,培养强化团队精神,提升团队士气。

五、创业团队的类型、优势与作用

创业团队并非一模一样,也不是一成不变的。依据创业团队的地位平等性和成员间依赖性的强弱,创业团队可以划分为不同类型,包括风铃型创业团队、环型创业团队、星型创业团队以及散点型创业团队。有些书中也将前三种类型称为领袖型创业团队、伙伴型创业团队和核心型创业团队。

1. 风铃型创业团队

风铃型创业团队是指存在一个"领袖"式的主导人物,而成员相互间的独立性较强的团队。团队中的"领袖"往往是掌握了较强的技术或较好的创意之后,寻找合伙人加入该创业团队的人。而在选择合伙人的时候,"领袖"会根据自己的判断选择合适的人作为自己的"支持者"。风铃型创业团队的特点如下:

(1)"领袖"的话语权较大。

(2)做决策速度较快。

(3)权力集中,导致决策失败的可能性增加。

(4)在"领袖"和"支持者"的意见不统一时,"支持者"较为被动;但是,如果"支持者"离开团队,这种冲突对团队的影响相对较小。

(5)不易形成权力重叠。

(6)寻找团队目标的速度较快。

(7)团队的执行力非常强。

2. 环型创业团队

环型创业团队是由怀揣着共同的目标且相互依赖的成员组成的团队。这种创业团队没有一个明确的领导,而且它的形成常常是经过成员的共同协商后,将创业理念厘清,最终组合在一起的。对于初创企业而言,每一个"伙伴"都要找准自己在团队中的定位,并尽到自己作为"协作者"的职责。环型创业团队的特点如下:

(1)团队中各成员的话语权较平等,没有特定的"领袖"。

(2)在做决策的时候,往往是大家相互讨论,因而做决策的速度较慢。

(3)做出错误决策的可能性较小。

(4)在各"协作者"的意见不统一时,成员倾向于采用协商的态度来解决冲突;不过,一旦冲突升级,有成员离开团队,那么将对整个团队的结构产生很大的影响。

(5)由于团队成员的平等性,团队当中容易形成权力重叠。

(6)寻找团队目标的速度较慢。

(7)团队的执行力较强。

3. 星型创业团队

星型创业团队集合了领导和成员的相互依赖两种特点。这种类型的创业团队中存在一个核心人物,他并不像"领袖"那样有着绝对的权威,而是在做决策的时候要充分地考虑团队成员的意见。另外,团队成员之间是相互依赖的,成员的地位也是平等的。因此,核心人物更多的是负责协调和统筹等内部管理工作。星型创业团队的特点如下:

(1)核心人物的选择多数是由团队成员投票决定的,所以具有令人信服的领导地位。

(2)由于核心人物的存在,团队做决策的速度较快。

(3)由于核心人物考虑成员的意见,决策失误的可能性较小。

(4)当核心人物和普通成员发生意见冲突的时候,普通成员较为被动;且冲突升级的时候,普通成员可能会离队。

(5)不易形成权力重叠。

(6)寻找团队目标的速度比较快。

(7)团队的执行力非常强。

4. 散点型创业团队

散点型创业团队是指团队中不存在权威的领导,同时成员之间相互独立,工作中并不相互依赖的团队。由于缺乏上述两种特点,这种创业团队的内部存在较严格的规则以约束和聚合团队成员。这种类型的创业团队往往出现在创业初期,而且团队中仅仅有一个模糊的创业目标。也就是说,这种团队提出的创业概念是笼统的、有待讨论的。随着理念日渐清晰,散点型创业团队往往会向其他类型发展。一个创业团队如果一直保持着松散的状态,对企业的长期发展是很不利的。散点型创业团队的特点如下:

(1)各成员的话语权较为平等。

(2)团队做决策的速度较慢。

(3)做出错误决策的可能性较小。

(4)成员之间发生意见冲突的时候,往往会平等讨论,通过协商解决问题。

(5)有可能形成权力重叠。

(6)寻找团队目标的速度较慢。

(7)团队的执行力较弱。

创业团队类型的划分不是绝对的。由于领导权限和协作程度不同,创业团队可以介于以上任意两种类型之间。另外,就像散点型创业团队会向其他类型演化一样,其他三种类型的创业团队也有可能互相演变。在企业发展的特定阶段,创业团队在不同类型之间演变对企业来说是非常有利的。例如,在营销中有一种策略是将企业打造成"狼团队",而有些人将其套用到创业团队当中后发现也同样适用。可是,"狼团队"是星型创业团队。所以,对于初创企业,尤其是大学生创业的企业而言,属于"狼团队"是不利于寻找企业目标的。实际中,大学生在创业时往往会选择风铃型或环型创业团队,待企业越来越成熟,才将团队转变成星型。这个时候,"狼团队"的主动出击和永不言败的优势才能慢慢展现出来。

创业者在寻找创业伙伴时,应该首先考虑的是具有共同目标,对创业活动同样有高度的热情和坚定的信心;与之相比较,对专业技术的要求并不是创业者首要考虑的因素,但是如果在技术上与创业者互补,可以减少前期的研发成本并且得到更多的创新想法;性格上具有互补性的合伙人在研究解决方案方面有更大的空间,在这一点上,团队创业比亲友合伙创业更加具有优势。一方面,亲友之间的利益关系总显得很尴尬,在绩效目标、利益分配上如果产生矛盾会波及整个家庭;另一方面,从心理学的角度分析,在面对团队成员时,人们更容易保持平等宽容的态度,能将自己的观点表达出来,因此更利于问题的解决。

团队可帮助创业者创业成功,但团队也存在一定的劣势,需要创业者认真对待,制订完善的计划,扬长避短。在创业团队中,团队成员会投入部分资金作为企业的启动资金,资金的共同投入可以缓解创业初期资金的缺乏,也将团队的共同利益捆绑在一起,从而增加团队的凝聚力;但是如果在资金投入时没有制定一份合理的利润分配方案,在公司盈利之后就有可能因为利益分配不均产生矛盾。创业者应学会未雨绸缪,在入股之前就应该制定出合理的股权分配方案。

另外，创业团队有时需要共同做出决策，如果对解决方案有不同意见但是又不能相互妥协，也会造成时机的延误，导致收入损失。解决这一问题，除了需要团队成员之间的宽容态度外，还需要有明确的职、责、权作为规范。作为创业领导者，应该有一定的判断力与决策力，能在多种方案中找到最合适的。在公司新创建的时候，资金匮乏，人员数量少，团队成员往往因为共同的创业理想而忽视一些个人利益，但是等到公司步入正轨、盈利显现时，个人的利益就会凸显。如何处理此时的人际关系，对创业者来说，也是不小的考验。我们应该记得，乔布斯也曾经一度离开苹果公司。

创业者要十分注重选择能够与创业者自身优势与劣势互补并符合企业需求的合伙人、关键的事业伙伴与管理者，这一点意义深远。

第二节 创业团队的管理

一、创业团队的成长

从创业团队的生命周期来看，团队发展到追逐权力的阶段，团队冲突增加，矛盾加剧，团队效率也会降低，部分核心成员选择离开团队，许多团队在"争权夺利"这个阶段就停止了发展。对于初创企业来说，此时的生存和发展可能面临着重大危机。如何突破这个瓶颈，实现团队自我超越，是创业团队建设应考虑的关键问题。

事实上，在创业过程中，创业团队的成员构成和组织架构都经常变动。创业团队的变动性从短期看，更多的是会增加创业风险，一旦团队遭到破坏，创业资本、技术、人才等创业资源都会流失；但从长期看，创业团队变动不可避免，在变动的过程中可能会演化成结构更合理、共同点更多的创业团队。创业过程是团队成员磨合的过程，这个磨合过程可能出现以下三种结果：

（1）创业团队成员相互之间更加了解，合作力量大于冲突，重视团队资源和承认团队力量，团队合作的意愿更强烈，团队合作文化进一步形成。尽管团队成员之间可能在经营理念、个人利益等方面存在分歧、矛盾，但共同的价值取向、企业的整体利益在维持团队稳定和发展中起了主要作用。

（2）团队合作力量和意愿与冲突和矛盾的力量能够相对平衡，或者使冲突力量离散，形成相互牵制，维持相对稳定。这种创业团队达成一致共识的时间少，但能够相互妥协，寻求利益共同点，而这种妥协可能以牺牲效率为代价。这种创业团队在发展过程中，可能面临矛盾进一步激化、内耗力量增加，平衡难以维持。

（3）团队成员经历一段时间的磨合后，很难形成共同点，团队文化无法建成，团体消除矛盾和冲突的力量和意愿不足，这时团队就面临解散的风险。因此，随着初创企业的发展，创业团队的领导者要注重权力和地位的激励机制。将创业团队成员的工作成效和职业生涯发展、地位提升有效地结合起来，建立并维护创业团队运作原则，使团队成员之间相互尊重和信任，能够倾听彼此的意见。可以让成员们在各自的领域中发挥领导作用，这对团队的凝聚具有非常积极明确的作用。

二、创业团队冲突的避免

创业团队在发展的过程中会遇到各种矛盾,从而带来冲突。如何应对和解决这些冲突呢?为了发挥出创业团队的互补优势,团队内部应该建立成员之间合作和学习的重要机制。这既有利于创业的成功,又对减少和解决团队内的冲突有着正面积极作用。正如很多创业案例所描述的,创业能否继续,在很大程度上取决于核心团队成员能否看到其他人的长处,并不断相互学习。因此,为了避免创业团队的冲突,在建立和管理团队的时候应该遵循如下原则。

1. 打造合作式创业团队

意见不统一是创业团队内部非常常见的一种现象,而一个合作式创业团队会在不统一的意见中寻求团队合作的可能性。合作式创业团队会主动寻找每个成员的特长,并通过利用他们各自的优点,将团队的最大潜力发掘出来。

2. 避免团队内部不适宜的竞争

创业团队内部有意见分歧是正常的,但如果这种分歧演变成了过度竞争而非寻求共识,那么这种竞争就会成为危害团结的负面行为。创业团队的各成员应该观察各自的优点并取长补短,这是团队领袖或管理者在管理团队的时候应该特别注意的。

3. 在集思广益和果断决策之间找到平衡点

创业团队如果广泛地听取每个成员的意见,那么这对于团队做出正确的决策无疑是非常有利的。但是,如果过度地强调团队内的意见表达,那么可能会出现"议而不决"的情况。所以,在团队内部的讨论当中,团队领袖或管理者要推进团队内的"决议终决权"。

4. 确立团队的目标

团队的目标不宜太多,否则会令成员很难集中精力完成任务。在确立团队目标时,创业团队可以利用 SMART 原则:

S(specific)——清晰明确:团队的目标要有明确的范围、程度、时间和效果等。

M(measurable)——可量化:团队的目标应该是可以用某种标准来衡量的。

A(assignable)——可分配:团队目标是可以具体分配给某个人或某些人去完成的。

R(realistic)——可实现:团队目标要切实可行,同时要具备足够的资源。

T(time-related)——有时限:团队目标的实现时间要明确。

5. 适时调整团队构成

就像整个创业过程一样,完善的团队结构的建立也不是一蹴而就的,而是经过实践不断调整和磨合的。另外,随着企业的不断成长和重新定位等原因,原有的团队组成也可能不再适应新的企业管理需求。所以,创业团队在任何阶段都有可能不断调整结构、不断进化。在调整的过程中,成员之间的摩擦和矛盾可能会显现出来。此时,需要团队的管理者运用其他原则来避免或减少团队内的冲突。

值得强调的是,创业团队的稳定不是指创业团队一成不变,而是一种"动态的稳定"。创业团队的创建应该遵循着"按需组建,渐进磨合"的方式。创业团队的建设也不是一步到位的。一开始就拥有一支成功、稳定的高绩效团队是每个创业者的理想,然而这种可能性微乎其微。这就需要在合理组建创业团队的基础上,不断加强团队管理,通过建立合理有效的激励机制,使创业团队成员在相互尊重、相互信任、公平公正的团队氛围内,密切联系、协同配合,保证创业团队的成长能够满足初创企业发展的需要。

三、创业团队的协作

有句著名的英文谚语:"你可以把马带到水边,却不一定能令它饮水。"团队有时就像马一样,需要相互协作,协作是团队凝聚力的基石。要让团队成员之间互相配合、好好协作,需要遵循以下几点要求。

1. 统一解读团队价值观

事实上,创业团队内部的很多障碍是由于误解而产生的,而产生误解的原因是缺乏一套共同的沟通语言。有时候,创业团队内部的矛盾并非是因价值观的不同而引发的,而是各个成员对同一个价值观的认知出现了偏差,再加上价值观没有统一地解读和分析,从而引发了团队成员之间的误会。这种情况的产生势必会打击创业团队的凝聚力和执行力。首先,必须对价值观形成趋同的理解和解释。即使一个简单的概念,不同的人对其也可能产生不同的理解。其次,团队的管理者不仅要求其他成员坚持团队价值观,同时自己也要坚守团队价值观。所以,对价值观的权威解读和价值观的统一同样重要,它们都能够减少团队成员之间的矛盾和误解。

2. 构建良好的团队文化

在初创企业建立的过程中,创业者常常关注企业文化,却忽视了创业团队的文化。创业当中的合作风险是很大的,因为即便创始人做好了万全的准备,与团队成员的合作还是有可能遇到麻烦。例如,团队成员在创业之前是非常好的朋友,可是在一起创业的过程中就会发现彼此的另一面,从而在各个成员之间产生隔阂。这样的情况对于创业团队的长期发展会产生非常严重的消极影响。而良好的团队文化是能够减少成员之间隔阂与矛盾的有效方法,并且对团队凝聚力的提升有着潜移默化的影响。良好的团队文化对团队建设的正面效应表现在它能够令各成员更加尊重和信任彼此,团队成员之间的关系会因此变得更加协调。而且,良好的团队文化可以让团队成员的工作态度变得更加积极主动,并让整个团队紧紧地凝聚在一起,最终将团队竞争力提升到一个全新的高度。

3. 建立公平有效的激励制度

无论创业团队的管理者怎样避免团队冲突,团队在实际运行当中都不可能完全消除内部冲突。此外,初创企业在与同类企业的竞争中,必然会遇到各种意料之外的情况。因此,切实可行的激励制度对于创业团队处理和减少这些麻烦来说是很有必要的。创业团队的激励制度包括荣誉和报酬等。荣誉包括成员的成就感和地位,甚至包括受到尊重和承认等感觉;关于成员的报酬,合理的分配是让成员忠于团队的必要条件。有效地利用绩效和报酬两种激励制度,是维系创业团队正常运行的有效手段。

四、组织必要的团队活动

团队活动是让团队成员之间互相了解的平台之一,随意安排就可以,例如喝咖啡、烧烤、野餐等各种娱乐休闲活动等;还有一些特殊安排,例如为某位成员庆祝生日、为"元老"级别的员工庆贺等个人生活方面的事情;还有一些游戏活动。通过这些活动来调节,可以让成员更好地相互了解,培养感情,融合成一家人。融洽的感情在关键时期会起重要作用,能帮助团队披荆斩棘、迎风破浪、共渡难关。

案例分享　马化腾五兄弟：难得的创业团队

腾讯从当年的5条电话线和8台计算机所组成的局域网，到今天为4亿注册用户提供基于QQ的各种通信服务、全球市值名列第三位的创新型互联网企业；从当初只是5个人的创业团队、5万元起步，到2004年6月上市后的8.98亿港元身家；从14年前10多平方米的一间办公室，到今天高度190多米、建筑面积8.8万平方米的腾讯大厦。腾讯公司2010年实现收入196.46亿元，同比增长57%，实现净利润80.54亿元，同比增长56.2%。腾讯创造出奇迹靠的是团队。

1998年的秋天，马化腾与他的同学张志东"合资"注册了深圳腾讯计算机系统有限公司。之后又吸纳了三位股东：曾李青、许晨晔、陈一丹。这五个创始人的QQ号，据说是从10001到10005。为避免彼此争夺权力，马化腾在创立腾讯之初就和四个伙伴约定清楚：各展所长、各管一摊。

马化腾是CEO（首席执行官），张志东是CTO（首席技术官），曾李青是COO（首席运营官），许晨晔是CIO（首席信息官），陈一丹是CAO（首席行政官）。

之所以将创业五兄弟称之为"难得"，是因为直到2005年的时候，这五人的创业团队还基本保持这样的合作阵形，不离不弃。直到腾讯做到如今的帝国局面，其中四个还在公司一线，只有COO曾李青挂着终身顾问的虚职而离开。

在企业迅速壮大的过程中，要保持创始人团队的稳定合作尤其不易。在这个背后，工程师出身的马化腾一开始对于团队合作的理性设计功不可没。

从股份构成上看，5个人一共凑了50万元，其中马化腾出资23.75万元，占了47.5%的股份；张志东出了10万元，占20%；曾李青出了6.25万元，占12.5%的股份；其他两人各出5万元，各占10%的股份。

虽然主要资金都由马化腾所出，他却自愿把所占的股份降到一半以下。"要他们的总和比我多一点点，不要形成垄断、独裁的局面。"而同时，他自己又一定要出主要的资金，占大股。"如果没有一个主心骨，股份大家平分，到时候也肯定会出问题，同样完蛋。"

保持稳定的另一个关键因素，就在于搭档之间的"合理组合"。据《中国互联网史》作者林军回忆说："马化腾非常聪明，但非常固执，注重用户体验，愿意从用户的角度去看产品。张志东是脑袋非常活跃、对技术很沉迷的一个人。马化腾技术上也非常好，但是他的长处是能够把很多事情简单化，而张志东更多是把一个事情做得完美化。"

许晨晔和马化腾、张志东同为深圳大学计算机系的同学，他是一个非常随和、有主见，但不轻易表达的人，是有名的"好好先生"。而陈一丹是马化腾在深圳中学时的同学，后来也就读于深圳大学，他十分严谨，同时又是一个非常张扬的人，他能在不同的状态下激起大家的激情。

如果说其他几位合作者都只是"搭档级人物"的话，那么曾李青就是腾讯五个创始人中最好玩、最开放、最具激情和感召力的一个人，他与温和的马化腾、爱好技术的张志东相比，是另一个类型。其大开大合的性格，也比马化腾更具攻击性，更像拿主意的人。不过或许也正是这一点，导致他最早脱离了团队，单独创业。

后来，马化腾在接受多家媒体的联合采访时承认，他最开始也考虑过和张志东、曾李青三个人均分股份的方法，但是最后还是采取了五人创业团队，根据分工占据不同的股份结构的策略。即便是后来有人想加钱、占更大股份，马化腾说不行，"根据我对你能力的判断，你不适合拿更多的股份"。因为在马化腾看来，未来的潜力要和应有的股份匹配，不匹配就要出问题。如果拿大股的不干事，干事的股份又少，矛盾就会发生。

当然经过几次稀释，最后他们上市所持有的股份比例只有当初的1/3，但即便是这样，他们每个人的身家都还是达到了数十亿元人民币，是一个皆大欢喜的结局。

可以说，在中国的民营企业中，能够像马化腾这样，既包容又拉拢，选择性格不同、各有特长的人组成一个创业团队，并在成功开拓局面后还能依旧保持着长期默契的合作，是很少见的。而马化腾的成功之处，就在于其从一开始就很好地设计了创业团队的责、权、利。能力越大，责任越大，权力越大，收益也就越大。

创业团队是一种特殊的群体，是由两个或两个以上具有共同的创业理念、价值观和创业愿景，相互信任，为了共同的创业目标，团结合作，共同承担创建新企业的责任而组建的工作团队。调查发现，70%创业成功的企业，都有多名创始人。其中2~3人的占44%，4人的占17%，5人及以上的占9%。尤其是在高科技领域，团队创业比个体创业多得多。事实证明：选择合理的创业模式，组建卓有成效的创业团队是创业成功的重要基础。创业团队工作绩效大于所有成员独立工作绩效之和。没有团队的创业也许并不一定会失败，但要创建一个没有团队而具有高成长性的企业却极其困难。

（资料来源：大学生创业网，http://www.studentboss.com/html/news/2012-11-30/126725.htm，2012-11-30，有改动）

拓展活动　评价你的五大个性指标

个性特征在很多情况下对人们的行为有很强的影响力，包括他们的成功。你在这些方面的表现如何？去问几个了解你的人，请他们就表6-1所示的几个方面给你评分。采用7分制，1表示最低，7表示最高。当然，他们给出的分数也仅仅是对你的每一个个性指标的非常粗糙的判断。

（备注：因为这是一个非正式的测试，请把评定结果看成是一个善意的提醒吧。）

表6-1　五大个性指标评价表

指标	评分问题（请几个了解你的人评定）
责任心	可靠程度 系统性和条理性 完成工作时的仔细程度
外倾性	喜欢刺激的程度 交友的速度 对人友好和令人愉快的程度

续表

指　　标	评分问题(请几个了解你的人评定)
宜人性	信任他人的程度 对待他人的谦恭程度 乐于合作的程度
情绪稳定性	焦虑程度 情绪兴奋的频率 自信和安全感
经验开放性	求变程度 求知欲

拓展活动　选择合适的伙伴

许多新创企业都是由两三个人创立的,故创业时选择一个好的伙伴极为重要。

为了能够明智地选择,你必须有如下三个基本信息:

清晰的自我评估:你具备哪些才艺、才能、知识等。

一个清晰的想法:你需要从潜在伙伴那里获得什么。

对他人能力的准确评估:确认他人是否具有你需要的东西。

下面的练习将有助于你获取相关信息。

1.自我评估。

就以下方面给自己评分,要求尽可能诚实和准确,每一项填入一个从1到5的分数。(1:非常低　2:低　3:中等　4:高　5:非常高)

a.与拟创建企业有关的经验;

b.与拟创建企业有关的技术知识;

c.人际交往的技巧(这些技巧有助于与人相处、劝说他人等);

d.成功的动力;

e.奉献于新创企业;

f.使你适合成为一名创业者的个人品质。

2.希望从潜在创业伙伴那里得到的东西。

考虑到上面的评分,列出你希望从伙伴处得到的东西。例如:如果你在技术知识方面得分较低,那你就希望你的伙伴具有这些技术知识;如果你在人际交往方面较为欠缺,那你就需要你的伙伴在这方面水平较高,等等。

第七章 创业计划的编制

第一节 创业计划概述

创业计划是创业的蓝图,是创业融资的关键文件,一份完整的创业计划能充分体现创业者的创意或企业的价值,是向潜在的投资者提交的全面介绍企业运作计划和未来发展前景及融资要求的书面文件。它应该清楚地说明创业者或企业能够足够多地销售产品或提供服务,获得令人满意的利润,从而有效地吸引投资者对创业项目进行投资。

一、什么是创业计划

创业计划又称为"商业计划"(business plan),是对构建一个企业的基本思想以及与企业创建有关的各项事项进行总体安排的文件,它从企业内部的人员、制度、管理,以及企业的产品、营销、市场等各个方面对即将创建的企业进行可行性分析。对于创业者来讲,创业计划有四个基本的目标:①分析和确定创业机遇和内容;②说明创业者将要利用这一机遇发展新的产品或服务所要采取的方法;③分析影响企业成败的关键因素;④确定实现创业所需要的资源以及取得这些资源的方法。当创业者选定了创业目标、确定了创业的动机,而在资金、资源和市场等各方面的条件都已准备妥当或已经累积了相当实力,这时候,就必须提出一份完整的创业计划。创业计划是整个创业过程的灵魂,创业计划中主要详细记载了创业的内容,包括创业的种类、资金规划、阶段目标、财务预估、营销策略、风险评估、内部管理规划等,在创业的过程中,这些都是不可或缺的元素。在创业之前做一个翔实的创业计划,不仅可以作为自己创业的行动指南,还可以作为吸引风险投资的"敲门砖"。事实上,创业计划常常被认为是创业者吸引风险投资的一份报告性文件,下面主要以吸引风险投资为目的探讨如何制订创业计划。

二、创业计划的作用

(一)创业计划是创业者创建企业的蓝图

创业计划是创业者将要创建企业的具体计划,是创业者实现创业理想的具体实施方案。如果创业者最初脑海里没有看到预期的最终成果,创业的理想最终不可能实现。创业计划为创业者的创业行动提供了一幅清晰的图画,是一份全方位的规划,它从企业内部的人员、制度、管理以及企业的产品、营销、市场等各个方面对即将展开的商业项目进行全面的可行性分析。

对初创企业来说,创业计划的作用尤为重要,一个创意或构思中的产品,往往很模糊,通过制订创业计划,把正反理由都写出来,再逐条推敲,这样就会对这一项目有更为清晰和具体的认识。

(二)创业计划是获得创业投资的敲门砖

一个好的项目需要融资时,仅仅靠创业者口头许诺和述说是不可能赢得潜在投资者的信任的,也不可能激发他们对创业项目的兴趣。美国一位著名创业投资家曾说过:"创业企业邀人投资或加盟,就像向离过婚的女人求婚,而不像和女孩子初恋,双方各有打算,仅靠空口许诺是无济于事的。"对于正在寻求资金的创业企业来说,创业计划就是企业的价值公告,是初步连接创业者和潜在投资者的桥梁,是通向成功的一个跳板。创业计划的好坏,往往决定了投资交易的成败。

所谓创业投资,是指把资金投向蕴藏着较大风险的高新技术开发领域,以期成功后取得高资本收益的一种商业投资行为。其实质是通过投资于一个高风险、高回报的项目群,将其中成功的项目出售或上市,实现所有者权益的变现,在弥补失败项目损失的同时,使投资者获得额回报。我国创业投资的探索始于1986年成立的中国新技术创业投资公司,以后在一些地方也陆续成立了十几家科技创业投资公司和科技投资基金,个别以外资为基础的风险投资基金也于20世纪90年代开始进入我国。但由于体制和机制上存在许多问题,环境条件不成熟,难以真正按风险投资的要求进行运作。近几年来,建立国家科技创新体系,大力发展高新技术产业,培植新的经济增长点,促使人们重新思考风险投资问题。在1998年全国政协九届一次会议上,民建中央提出的《关于加快发展我国风险投资事业的提案》被全国政协列为一号提案,受到了各界人士的关注,在国内引起了较大反响。据不完全统计,目前全国从事风险投资业务的公司已有近百家,拥有近百亿元资金。更多的外国基金如软库(Softbank)和著名IT企业如Intel、IBM等公司也已开始进入我国风险投资领域。

(三)创业计划是创业者沟通理想与现实的桥梁

对初创企业来讲,创业计划说明创业的基本思想,确定最终要达到的目标,描述现在的起点,概述如何达到目标,分析影响成败的因素,通过制订创业计划,把正反理由都写下来,然后再逐条推敲。而且在编写创业计划的过程中,会对产品、市场、财务、管理团队等进行进一步的分析和调研,能及早发现问题,进行事前控制,去掉一些不可行的项目,进一步完善可行的项目,提高创业成功率。

三、成功创业计划的特点

为了从创业投资企业那里获得资金,创业计划必须是"正确"的创业计划,也就是说,它必须说投资者想听的话,并打动他们。所以创业者必须知道什么是对投资者最重要的、什么对投资者是不重要的,以及如何用一种能吸引投资者的方法表述创业计划。有效的创业计划必须简洁、完整、条理清晰,语言通畅易懂,意思表述准确,不要超过50页,最好在30页左右。创业计划太长,则会被认为太啰唆,表达不清楚。但也不要太短,太短,则不容易取得创业投资企业的信任。创业计划要以市场为导向,因为创业投资者是以市场而不是以产品为导向的,他们知道大多数发明专利并不能为发明者赚回一分钱。

企业的本质在于为满足消费者需求提供新产品和服务的同时获取利润,所以创业计划要努力呈现创业企业的竞争优势与投资利益、经营能力。以下列出了成功的创业计划的特点:①结构安排适当、完整,前后一致,风格统一;②长度适中,不长也不短,不夸张也不要太平淡;③明确写出创业者和创业企业在未来3~5年要达到的目标;④从数量和质量上解释使用该企业产品或服务的用户能够得到的利益;⑤提供产品或服务营销能力的有力证据;⑥说明市场营销的方法;⑦合理详细地说明制造产品或提供服务的过程与相关的成本,预测产品所能达到的发展水平;⑧描述管理团队的核心成员,证明他们的经验和能力;⑨暗示企业产品发展和管理团队的成熟可能使企业获得较高的信用等级;⑩提供令人信服的财务计划,显示投资者怎样在未来3~7年内从企业获得回报。

以下是潜在投资者反感的特征:①只关注自己的产品或服务,而不熟悉或没有意识到市场需求问题;②财务计划违反通行的行业准则;③不现实的增长计划;④不愿意承担风险。

第二节 创业计划书的编写

创业计划是对未来企业的计划,所以在撰写前必须通过市场调查获得必要的信息,然后根据所获得的信息进行预估,根据一般的创业计划格式撰写出完整的创业计划来。

一、编制创业计划的原则和程序

(一)创业计划的编制原则

要编写出成功的创业计划书,就应该在编写过程中牢记并遵循以下几个原则。

1. 始终把顾客价值和投资回报放在第一位

这是编写创业计划书的基本原则。创业计划的一个显著特点是对外宣传性,而顾客价值以及企业的投资回报是企业未来发展的基础和重要衡量指标。因此,创业计划的编写应该始终围绕顾客价值及企业未来的投资回报这两个中心来进行。

2. 以潜在投资者最关心的问题作为出发点

创业计划应从潜在投资者的角度出发,用简明、清晰的表达方式,使潜在投资者能够在尽可能短的时间内领会计划书的内容,并且创业计划的内容应该从投资者最关心的问题入手。

3. 创业计划书要有针对性

不同的创业计划书有不同的目的,有不同的针对性。如风险投资者对创业计划书中的市场增长有兴趣,银行所关心的首要问题是贷款能否得到迅速偿还,大客户所注重的是寻找一个长期固定的供货渠道,关注企业的生产能力、产品质量及售后服务等。针对不同的对象,创业计划应有不同的侧重。对于创业者来讲,完全可以准备两种到三种或更多版本的创业计划书。

(二)创业计划的编制程序

一份良好的创业计划包括附录在内一般在20~40页,过于冗长的创业计划反而会让人失去耐心。整个创业计划的写作是一个循序渐进的过程,可以分成五个阶段完成。

(1)创业计划构想细化,初步提出计划的构想。

(2)市场调查。与行业内的企业及专业人士进行接触,了解整个行业的市场状况,如产品价格、销售渠道、客户分布以及市场发展变化的趋势等因素。可以进行一些问卷调查,在必要时也可以求助于市场调查公司。

（3）竞争者调查。确定你的潜在竞争对手并分析本行业的竞争趋势。分销渠道如何？是否有形成战略伙伴的可能性？谁是潜在盟友？准备一份1~2页的竞争者调查小结。

（4）财务分析。包括对企业的价值评估。必须保证所有的可能性都考虑到了。财务分析量化创业企业的收入目标和战略，要求详细而精确地考虑实现创业所需的资金。

（5）创业计划的撰写与修改。根据所收集到的信息制定企业未来的发展战略，把相关的信息按照一定的结构进行调整，完成整个创业计划的写作。在计划完成以后仍然可以进一步论证计划的可行性，并根据信息的积累和市场的变化不断完善整个计划。

二、编制创业计划的关键

那些既不能给投资者以充分的信息，也不能使投资者激动起来的创业计划书，其最终结果只能是被扔进垃圾箱里。为了确保创业计划书能"击中目标"，创业者应做到以下几点。

（一）关注产品

创业计划书应提供所有与企业的产品或服务有关的细节，包括企业所实施的所有调查。这些问题包括：产品正处于什么样的发展阶段？它的独特性怎样？企业分销产品的方法是什么？谁会使用企业的产品，为什么？产品的生产成本是多少，售价是多少？企业发展新的现代化产品的计划是什么？把投资者拉到企业的产品或服务中来，这样投资者就会和创业者一样对产品有兴趣。在创业计划书中，创业者应尽量用简单的词语来描述每件事——自己要生产的产品对创业者来说是非常明确的，但其他人却不一定能够真正地理解。编制创业计划书的目的不仅是要使投资者相信企业的产品会在世界上产生革命性的影响，同时也要使他们相信企业有证明它的论据。创业计划书对产品的阐述，要让投资者感到："噢，这种产品是多么美妙、多么令人鼓舞啊！"

（二）敢于竞争

在创业计划书中，创业者应细致分析竞争对手的情况。竞争对手都是谁？他们的产品是如何运作的？竞争对手的产品与本企业的产品相比，有哪些相同点和不同点？竞争对手所采用的营销策略是什么？要明确主要竞争者的销售额、毛利润、收入以及市场份额，然后再讨论本企业相对于每个竞争者所具有的竞争优势，要向投资者展示顾客偏爱本企业的原因是什么，例如本企业的产品质量好、送货迅速、定位适中、价格合适等。创业计划书要使潜在投资者相信，本企业不仅是行业中的有力竞争者，而且将来还会是确定行业标准的领先者。在创业计划书中，创业者还应阐明竞争者给本企业带来的风险以及本企业所采取的对策。

（三）了解市场

创业计划书要给投资者提供企业对目标市场的深入分析和理解。要细致分析经济、地理、职业、心理等因素对消费者选择购买本企业产品这一行为的影响，以及各个因素所起的作用。创业计划书还应包括一个主要的营销计划，计划书中应列出本企业打算开展广告、促销以及公共关系活动的地区，明确每一项活动的预算和收益。创业计划书中还应简述一下企业的销售战略：企业是使用外面的销售代表还是使用内部职员？企业是使用转卖商、分销商还是特许商？企业将提供何种类型的销售培训？此外，创业计划书还应特别关注一下销售中的细节问题。

(四)表明行动的方针

企业的行动计划应该是无懈可击的。创业计划书中应该明确下列问题:企业如何把产品推向市场?如何设计生产线,如何组装产品?企业生产需要哪些原料?企业拥有哪些生产资源,还需要什么生产资源?生产和设备的成本是多少?企业是买设备还是租设备?分析与产品组装、储存以及发送有关的固定成本和变动成本的情况。

(五)展示创业团队

把一种思想转化为一个成功的创业企业,其关键的因素就是要有一支强有力的创业团队。这支队伍的成员必须有较高的专业技术知识、管理才能和多年工作经验,要给投资者这样一种感觉:"看,这支队伍里都有谁!如果这个公司是一支足球队的话,他们就会一直杀入世界杯决赛!"管理者的职能就是计划、组织、控制和指导公司实现目标的行动。在创业计划书中,首先应描述一下整个管理队伍及其职责,然后再分别介绍每位管理人员的特殊才能、特点和造诣,细致描述每个管理者将对公司所做的贡献。创业计划书中还应明确管理目标以及组织机构图。

(六)出色的计划摘要

创业计划书中的计划摘要十分重要。它必须能让投资者有兴趣并渴望得到更多的信息,它将给读者留下长久的印象。计划摘要将是创业者所写的最后一部分内容,但却是投资者首先要看的内容,它将从计划中摘录出与筹集资金最相关的细节,包括对企业内部的基本情况、企业的能力以及局限性、企业的竞争对手、营销和财务战略、企业的管理队伍等情况的简明而生动的概括。如果企业是一本书,它就像是这本书的封面,做得好就可以把投资者吸引住。它会使风险投资者有这样的印象:"这个企业将会成为行业中的巨人,我已等不及要去读计划的其余部分了。"

三、编写创业计划应当避免的误区

一个成功的创业计划应该具有结构清晰、风格一致、通俗易懂、无含糊用语、外观精美等特点。另外,在写作的过程中还要避免一些误区。

(一)以自我为中心

很多人在写作创业计划的过程中往往是从自身的角度出发,泛泛而谈自己要做什么,偏偏对自己的产品和服务有没有市场、产品的销售渠道如何等关键问题缺乏必要的分析。要知道顾客才是上帝,只有以客户为中心的产品和服务才会获得人们的认可,企业的价值也才会得到实现。此外,还有的创业计划对于创业企业或项目本身谈得很多,但对于创业企业所处的行业则惜墨如金,这也是不可取的。因为对于创业企业来说,行业是其生存发展的重要外部环境,创业企业所处的行业发展如何,对于创业企业发展的影响虽然不是决定性的,但也是绝对不可忽视的。行业的发展前景如何,行业处于生命周期的哪一阶段,都是风险投资者十分关注的问题。风险投资者对创业企业所处行业的选择,犹如招聘人才的大公司选择大学,他们都愿意到名牌大学招聘人才。如果创业计划不分析行业环境和市场,往往给投资者留下创业者对行业的了解有限的印象,使投资者的信心大打折扣。

(二)过于乐观

对于市场过于乐观,是创业者容易犯的另一个毛病。创业的冲动和热忱,对创业未来美好蓝图的憧憬,往往使创业者忘乎所以,只看到项目好的一面,而忽视了项目潜在的风险。同时,为了吸引风险投资,他们往往故意把项目往好的方面写,唯恐把项目"不好"(风险)的方面写出来而失去投资者。有些创业者会拿出一些与产业标准相去甚远的数据来预测公司未来的市场份额,得出过分乐观的结果,这也是不足取的。任何精明的投资者都明白,没有风险的项目是不存在的,项目的收益与风险是成正比的,不提示风险并不等于不存在风险。在投资者的眼中,如果你没有考虑风险,要么你不是一个成熟理性的创业者,没有意识到风险;要么是你不诚实,故意隐瞒风险。无论是哪种情况,投资者都将会避而远之。现代会计准则中有一条十分重要的原则叫谨慎原则,这条原则在创业计划中同样适用。无论是产品销售预测,还是企业现金流预测、盈利预测都宜采用谨慎原则。

(三)不分析竞争对手的情况

在现代市场经济中,完全垄断性的市场是很少见的,竞争性市场是普遍的。因此,创业计划的撰写者应当直面竞争、敢于竞争。很多创业计划恰恰在此时忽视了这一点,其表现之一是,在创业计划中对竞争对手轻描淡写。有的创业计划大谈特谈企业产品或服务的独特性和优势,大谈市场的潜力有多大,而对于竞争对手则轻描淡写,有的只简单罗列竞争对手的名单,有的甚至根本就没有竞争这部分内容。

(四)缺乏可行的盈利模式

盈利模式是企业通过投入经济要素后获取现金流的方式和获取其他经济利益手段的混合,其核心是获得现金流入的途径组合。从商业角度看,盈利模式决定商业价值。很多创业计划对企业未来运行收入来源的描述非常模糊,靠讲故事的办法获得投资者认可的机会不多,稳健的投资者最关心的是企业未来的盈利前景。一个优秀的企业只有拥有较为成功的盈利模式,才能为企业创造稳定和源源不断的利润。

(五)财务预测太粗

尽管对未来财务状况的预测主观性很强,但是进行充分的预测,告诉投资者可能的盈利时间仍然是十分必要的。在很多创业计划中,有的财务计划只告诉投资者未来 12 个月中资金的使用,这显然是不够的。这给人的印象是企业的前景难以预料,现金总是处在流出阶段。

四、创业计划的检查

在创业计划写完之后,创业者最好多对计划检查几遍,看一下该计划是否能准确回答投资者的疑问,争取投资者对本企业的信心。通常,可以从以下几个方面对计划加以检查:

(1)创业计划是否显示出创业者具有管理企业的经验。如果创业者缺乏能力去管理企业,那么一定要明确地说明已经雇了一位经营大师来管理企业。

(2)创业计划是否显示有能力偿还借款。要保证给潜在的投资者提供一份完整的财务比率分析数据。

(3)创业计划是否显示出你已进行过完整的市场分析。要让投资者坚信你在计划中阐明的产品需求量是确实的。

(4)创业计划是否容易被投资者所领会。创业计划书应该备有索引和目录,以便投资者可以较容易地查阅各个章节。此外,还应保证目录中的信息流是有逻辑的和现实的。

(5)创业计划中是否有计划摘要并放在了最前面。计划摘要是对企业创业计划书的浓缩,投资者首先会看它。为了保持投资者的兴趣,计划摘要应写得引人入胜。

(6)创业计划是否在文法上全部正确。如果不能保证,那么最好请人检查一下。拼写错误和排印错误能使创业者的机会丧失。

(7)创业计划能否打消投资者对产品(服务)的疑虑。如果需要,你可以准备一件产品模型。

创业计划中的各个方面都会对筹资的成功与否产生影响。因此,如果你对创业计划缺乏成功的信心,那么最好去查阅一下计划编写指南或向专门的顾问请教。

五、创业计划书编写的格式

中国版创业培训 SYB 创业计划书的大致格式和主要内容如下。

第一页:封面,主要项目包括企业名称、创业者姓名、填写日期、通信地址、邮政编码、电话、传真、电子信箱。

第二页:目录,列出正文中的大标题及所在页码。

第三页起:正文。正文各项目及填写格式具体如下。

(一)企业概况

主要经营范围:＿＿＿＿＿＿＿＿＿＿＿＿＿＿＿＿＿＿＿＿＿＿＿＿＿＿＿＿＿＿

企业类型:＿＿＿＿＿＿＿＿＿＿＿＿＿＿＿＿＿＿＿＿＿＿＿＿＿＿＿＿＿＿＿＿

(生产制造、零售、批发、服务、农业、新型产业、传统产业、其他)

(二)创业计划作者的个人情况

(1)以往的相关经验(包括时间):

＿＿＿＿＿＿＿＿＿＿＿＿＿＿＿＿＿＿＿＿＿＿＿＿＿＿＿＿＿＿＿＿＿＿＿＿＿＿
＿＿＿＿＿＿＿＿＿＿＿＿＿＿＿＿＿＿＿＿＿＿＿＿＿＿＿＿＿＿＿＿＿＿＿＿＿＿
＿＿＿＿＿＿＿＿＿＿＿＿＿＿＿＿＿＿＿＿＿＿＿＿＿＿＿＿＿＿＿＿＿＿＿＿＿＿

(2)教育背景,所学习的相关课程(包括时间):

＿＿＿＿＿＿＿＿＿＿＿＿＿＿＿＿＿＿＿＿＿＿＿＿＿＿＿＿＿＿＿＿＿＿＿＿＿＿
＿＿＿＿＿＿＿＿＿＿＿＿＿＿＿＿＿＿＿＿＿＿＿＿＿＿＿＿＿＿＿＿＿＿＿＿＿＿
＿＿＿＿＿＿＿＿＿＿＿＿＿＿＿＿＿＿＿＿＿＿＿＿＿＿＿＿＿＿＿＿＿＿＿＿＿＿

(三)市场评估

目标顾客描述:

＿＿＿＿＿＿＿＿＿＿＿＿＿＿＿＿＿＿＿＿＿＿＿＿＿＿＿＿＿＿＿＿＿＿＿＿＿＿

市场容量或本企业预计市场占有率:

＿＿＿＿＿＿＿＿＿＿＿＿＿＿＿＿＿＿＿＿＿＿＿＿＿＿＿＿＿＿＿＿＿＿＿＿＿＿

市场容量的变化趋势:

＿＿＿＿＿＿＿＿＿＿＿＿＿＿＿＿＿＿＿＿＿＿＿＿＿＿＿＿＿＿＿＿＿＿＿＿＿＿

竞争对手的主要优势：
_____
_____
_____

竞争对手的主要劣势：
_____
_____
_____

本企业相对于竞争对手的主要优势：
_____
_____
_____

本企业相对于竞争对手的主要劣势：
_____
_____
_____

(四)市场营销计划

1. 产品

企业产品如表 7-1 所示。

表 7-1　企业产品

产品或服务	主要特征

2. 价格

产品价格如表 7-2 所示。

表 7-2　产品价格

产品或服务	成本价	销售价	竞争对手的价格

3. 地点

(1)选址细节,如表 7-3 所示。

表 7-3　企业选址

地　　址	面积/平方米	租金或建筑成本

(2)选择该地址的主要原因：

(3)销售方式(选择一项并打"√")。
将把产品或服务销售或提供给：最终消费者(　　)　零售商(　　)　批发商(　　)
(4)选择该销售方式的原因：

4. 促销

促销方式及预计成本如表 7-4 所示。

表 7-4　促销方式及预计成本

促 销 方 式	成 本 预 测
人员推销	
广告促销	
公共关系促销	
营业推广	

(五)企业组织结构

企业将登记注册为：个体工商户(　　)　有限责任公司(　　)　个人独资企业(　　)　合伙企业(　　)　其他(　　)

拟议的企业名称：_____

企业的员工如表 7-5 所示。(附企业组织结构图和员工工作描述书)

表 7-5　企业的员工

职　　务	月　　薪
业主或经理	
员工	
企业	

将获得的营业执照、许可证如表 7-6 所示。

表 7-6　将获得的营业执照、许可证

类　　型	预　计　费　用

企业的法律责任(保险费、员工的薪酬、纳税)如表 7-7 所示。

表 7-7　企业的法律责任

种　　类	预　计　费　用

合伙人与合伙协议条款如表 7-8 所示。

表 7-8　合伙人与合伙协议条款

协议条款	合　伙　人		
出资方式			
出资数额与期限			
利润分配和亏损分配			
经营分工、权限和责任			
合伙人个人负债的责任			
协议变更和终止			
其他条款			

(六)固定资产

1. 生产设备

根据预测的销售量,假设达到 100% 的生产能力,企业需要购买表 7-9 所示的生产设备。

表 7-9　企业需要购买的生产设备

生产设备	数　　量	单价/元	总费用/元	供应商名称	地　　址	电话或传真

2. 交通工具

根据交通及营销活动的需要，拟购置表 7-10 所示的交通工具。

表 7-10　拟购置的交通工具

交通工具	数量	单价/元	总费用/元	供应商名称	地址	电话或传真

3. 办公家具和设备

办公室拟购置表 7-11 所示的家具和设备。

表 7-11　拟购置的办公家具和设备

办公家具和设备	数量	单价/元	总费用/元	供应商名称	地址	电话或传真

4. 固定资产和折旧概要

固定资产和折旧概要如表 7-12 所示。

表 7-12　固定资产和折旧概要

项目	价值/元	年折旧/元
生产设备		
交通工具		
办公家具和设备		
店铺		
厂房		
土地		
……		
合计		

（七）流动资产（月）

1. 原材料和包装

原材料和包装如表 7-13 所示。

表 7-13　原材料和包装

名称	数量	单价/元	总费用/元	供应商名称	地址	电话或传真

2. 其他经营费用(不包括折旧费和贷款利息)

其他经营费用如表 7-14 所示。

表 7-14 其他经营费用

项　　目	费用/元	备　　注
业主的工资		
雇员工资		
租金		
营销费用		
公共事业费		
维修费		
保险费		
登记注册费		
其他		
合计		

(八)销售收入预测

销售收入预测如表 7-15 所示。

表 7-15 销售收入预测

产品和服务销售情况		月　份												合　计
		1	2	3	4	5	6	7	8	9	10	11	12	
(1)	销售数量													
	平均单价													
	月销售额													
(2)	销售数量													
	平均单价													
	月销售额													
(3)	销售数量													
	平均单价													
	月销售额													
(4)	销售数量													
	平均单价													
	月销售额													
……	销售数量													
	平均单价													
	月销售额													
合计	销售总量													
	销售总收入													

(九)销售和成本计划

销售和成本计划如表 7-16 所示。

表 7-16　销售和成本计划

项目		月份												合计
		1	2	3	4	5	6	7	8	9	10	11	12	
销售	含流转税税收收入													
	流转税(增值税等)													
	销售净收入													
成本	业主工资													
	员工工资													
	租金													
	营销费用													
	公共事业费													
	维修费													
	折旧费													
	贷款利息													
	保险费													
	登记注册费													
	原材料(列出项目)													
	(1)													
	(2)													
	(3)													
	(4)													
	(5)													
	……													
	总成本													
利润														
税费	企业所得税													
	个人所得税													
	其他													
净利润(税后)														

(十)现金流量计划

现金流量计划如表 7-17 所示。

表 7-17　现金流量计划

项　目		月　份												合　计
		1	2	3	4	5	6	7	8	9	10	11	12	
现金流入	月初现金													
	现金销售收入													
	赊销收入													
	贷款													
	其他现金流入													
	可支配现金													
现金流出	现金采购支出(列出项目)													
	(1)													
	(2)													
	……													
	赊购支出													
	业主工资													
	员工工资													
	租金													
	营销费用													
	公共事业费													
	维修费													
	贷款利息													
	偿还贷款本金													
	保险费													
	登记注册费													
	设备折旧费													
	其他支出(列出项目)													
	税金													
	现金总支出													
月底现金(可支配现金－现金总支出)														

六、创业计划书范文

礼尚往来:大学礼品店创业计划书

一、行业概况

某礼品开发和策划机构曾经专门就礼品市场对数千人做过调查,一个人一年中送礼次数最高的达到267次,最少的2次,平均为3.9次。在送礼金额中,最贵重的达到1 288元,最便宜的11元,平均35.6元。按照上述数据,推算礼品市场:全国人口13亿人×每年每人平均送礼次数3.9次×每人次送礼金额35.6元/人次=1 805亿元。情感是具有普遍意义的概念,它包含亲情、友情和爱情。情感无处不在,凝聚在同学、同事、战友、师生、上下级、父母与子女、兄弟姐妹、长辈与晚辈、知己、情侣、爱人等关系中,人们表达情感,最简单、最直接和最有效的方法是赠送礼物。情感礼品行业是一个充满诱惑力的新兴产业,作为新的经济增长点,在发达国家已逐步走向成熟,各种档次的专卖店、销售点星罗棋布,各种层次、各种款式的产品充分满足了日益增长的市场需求。而在国内,这一行业尚处于初期发展阶段,其市场潜力巨大。

二、公司描述

(1)公司名称:西安市××商贸有限公司——x98工艺礼品专业连锁店。
(2)公司宗旨:让快乐相伴相随,将平价进行到底。
(3)公司服务:一份礼品、一份心意、一份祝福、一份快乐。
(4)公司形式:股份制。
(5)公司经营方式:自主连锁经营。

三、公司经营策略

1. 行业现状

一方面是专门围绕生日主题开设的生日礼品专卖店和时尚饰品连锁店,目前在西安主要有"广州多彩""爱情氧吧""快乐365""花样年华""5151""啊呀呀""时尚青年"等。经营方式是加盟形式。其价格较高,平均利润率至少在50%以上,有的高达100%甚至200%。管理体制也不完善,各加盟店发展不均衡,没有真正形成规模效益。

另一方面是传统的个体店或夫妻店。其虽经营了多年,但都形不成规模,没有品牌效应,知名度低,经济效益也不是太理想,只是养家糊口的一种谋生手段。

2. 市场分析

据调查,目前有三种送礼现象:一是一些企业把为员工过生日作为提高企业凝聚力的重要手段,这种现象非常普遍;二是一些商务人士纷纷把生日送礼作为业务往来的亲情筹码,大打亲情牌;三是在学校,为同学过生日,已经成为一种风气蔓延开来。

这三种现象导致送礼的范围已经超越了过去单纯的亲情、友情和爱情的范畴。尤其是学生送礼,本市有各类高校及其他高等教育机构100多个,在校学生达100多万人,这就使礼品市场变得更广阔。

3. 经营模式

以自主经营专业店的连锁形式进行策略扩张,针对大学生消费市场,集中主力于大学周边商业街和大学城开设专业店,充分利用当地的批发商,以铺货分期结算的方式进行合作,进行品牌推广,争取在三年内把公司品牌做大做强,进而较快地推动公司滚雪球式发展。

4.营销策略

进行全面统一的管理,包括统一店面、统一品牌、统一形象、统一采购、统一售价、统一服务质量、统一的管理体系等打造规模效益。

四、竞争分析

(1)竞争对手——个体店、夫妻店。他们的经营理念比较落后,市场经济意识和法律意识都比较淡薄,因此,他们经营的局限性壁垒比较大,小农思想比较严重,故其所经营的商品质量得不到保证,进货渠道比较杂乱,品种单一,服务较差。同时,商品的时尚性、新颖性不强,特别是不能满足青年的个性需求。而本公司作为连锁店则以强大的资金实力和统一的运作模式作为后盾,从进货源头上就把住了商品的质量关,并且从流通等各方面着手降低商品的成本,进而以更优惠的价格、更好的商品来面对消费者。同时,连锁店可进行一些促销活动,以及做广告宣传。而个体店、夫妻店是各顾各,一般只停留在传统的口碑上。而且他们的店面较小,加上购物环境不甚理想,不能给消费者提供更好的购物体验。

(2)竞争对手——生日礼品专卖店和时尚饰品连锁店。这类店具有一定的规范化、规模化、专业化特征,其产品也较时尚、个性,但其价位较高,利润空间大。其加盟公司实力存在较大差异,管理体制不健全。尤其有些公司,只注重发展加盟店的数量,收取加盟费,而忽略了加盟店的扶持、跟进服务和区域保护,造成加盟店后期管理混乱,发展不均衡,难以统一,各自为政,从而失去了加盟连锁的优势和规模效益。而本公司作为专业连锁店,没有中间环节,直接管理,连锁经营,拥有更加丰富的产品储备、更加专业化的经营模式、更加实惠的价格、更加人性化的服务,从而最大地满足人们个性化、时尚化的送礼需求,解决送礼难、送好礼更难的现实困难。一份礼品、一份心意、一份祝福、一份快乐,传导快乐消费理念,引领快乐消费新潮流。

五、经营要点

(1)员工要求:

①营业员:诚实守信,有责任心、上进心,有较强的表达能力和敬业精神。

②店长:必须从事营业员工作满六个月,经考核合格方可担任。

(2)人员配备:一星标准店店长1名,副店长1名,营业员2名(50平方米)。

(3)薪酬体系:建立人性化工资体系,工资奖金动态分配,员工可参股分红,最大限度留住人才。

(4)用人原则:充分给予每个员工以信任和机会,用其所能,用尽所能。

(5)店铺规模:一星标准店50～100平方米,三星形象店100～200平方米,五星旗舰店200平方米以上。

(6)定价原则:

①新产品(特色产品)上市一律以9.8作为尾数的形式定价,如9.8元、19.8元、29.8元;

②促销品(上市一个月后滞销品)改"9.8"为"5",如5元、15元、25元;

③特价品(上市三个月后滞销品)降价销售,如改9.8元为5元、改19.8元为9.8元、改29.8元为19.8元。

(7)利润率:①独特个性时尚商品(当地批发商无售商品)为50%;②一般个性时尚商品(周边同行店无售商品)为40%;③常规个性时尚商品(周边同行店有售商品)为35%;④热销、竞争性强的商品(上述①、②类商品除外)为25%～30%。

(8)促销活动:

①消费卡:凡进店消费者均可领取,累计消费达 29.8 元可换会员卡,以吸引新顾客再次消费。

②会员卡:消费(可累计)达 29.8 元均可领取,享受更多的会员优惠,以巩固老顾客。

③联合:与蛋糕店、鲜花店、礼仪公司等联营,拓宽销售渠道。

④赞助:参与周边院校的联谊、文艺表演等各种活动,进行适当的宣传,提高知名度。

⑤替送:因事忙、闹别扭、商务等需要,替送一份礼品,传递一份祝福,更具人性化。

⑥团购:对学校校庆纪念品及机关、企业等节日、会议礼品给予团购优惠。

⑦节假日:元旦、七夕、春节等不断进行特价、赠送等优惠活动,提升人气。

⑧自创日:在平常日子,可想办法创造活动日,如"和好日""道歉日""想您日"等。

六、财务分析

1. 前期投入

按目前行业的现状,开设一家一星的标准店(同行业规模在 10~30 平方米),营业面积 50 平方米。房租 6 000 元/月,按"交三压一"共计支付 24 000 元;货架及装修等约 26 000 元;货款加上流动资金为 10 万元。预计共 15 万元。计划前期开设 5 家一星标准店,总投资约 75 万元。

2. 融资方式

公司以 3~6 个股东融资 80 万元,每股 5 000 元,计 160 股。前期采取零负债的模式;到企业发展进一步加快时,可向银行申请一定的贷款,使公司得到滚动式的发展。

3. 投资收益

按一家一星的标准店一个月来计算,营业收入为 60 000 元,营业收入利润率为 35%,营业利润为 21 000 元。营业成本计 12 000 元,其中房租 6 000 元,各项税费 1 000 元,人员工资费用 4 000 元(4 人)、包装费、礼品袋等费用 1 000 元。月纯利润为 9 000 元,即年纯利润为 108 000 元。投资回收期为 1.5 年。

七、远景规划

以经营学生礼品为主,兼顾商务礼品、家居饰品等,对专业店不断复制,以专业连锁形式滚动式发展。以西安市为起点,打好基础,发展到周边如成都、重庆、郑州等城市,以此为基地,向全国辐射。将开设专业连锁店 1000 多家,打造中国最大的工艺礼品专业连锁机构。

/ 案例分享　大学生创业计划竞赛与风险投资 /

创业计划竞赛是近几年风靡全球高校的重要赛事。它借用风险投资的运作模式,要求参赛者组成优势互补的竞赛小组,围绕一个具有市场前景的技术产品或服务概念,以获得风险投资为目的,完成一份包括企业概述、业务展望、风险因素、投资回报与退出策略、组织管理、财务预测等方面的创业计划,最终通过书面评审和现场陈述、答辩的方式评出获奖者。创业计划竞赛被誉为"风险投资的试金石"、"未来企业家的摇篮"。我国大学生创业计划竞赛"挑战杯"由共青团中央、中国科协、教育部和全国学联共同主办。

大学生创业计划竞赛不是普通意义上的大学生的专业比赛。创业计划(又名商业计划)竞赛不是单纯的、个人的、集中在某一个专业的学生竞赛,而是以实际技术为背景,跨学科的优势互补的团队之间的综合较量。竞赛的意义也不局限于大学校园,从某种程度而言,创业计划竞赛是高等院校与现实社会以及大学生与企业之间互动与沟通的桥梁与纽带。

今天,美国的高科技产业持续高速发展,大量充满活力的新公司不断涌现,树立了众人向往的榜样。同时,大学校园的高科技创业浪潮也席卷了整个美国,大学生的创业热情空前高涨。起源于美国大学的创业计划竞赛正是在这种形势下应运而生的。

目前,美国已有包括麻省理工学院(MIT)、斯坦福大学等10多所世界一流的大学每年举办这一竞赛。Yahoo、Excite、Netscape等公司就是在斯坦福校园里的创业氛围中诞生的。

美国大学校园的创业计划竞赛起源于1983年,当时得克萨斯州立大学奥斯汀分校的两位MBA学生希望借鉴法学院的一种模拟法庭形式举办创业计划竞赛,以此来推动高校MBA学生走入社会,进行企业策划的演练。当时他们的活动并没有受到多少人的重视,校方只给这两位同学象征性的经费支持。这两位创业计划竞赛的创办人经历千辛万苦,终于成功举办了世界上第一次创业计划竞赛。不过,当时的影响还无法与今天相比。

当得克萨斯州立大学奥斯汀分校的创业计划竞赛的举办者为了吸引新闻媒体和其他各方面的注意,开始邀请著名的宾州大学沃顿商学院等几家全美最有影响力的商学院参加他们的比赛并且展示出竞赛极大的价值的时候,许多美国高校开始群起而仿效之。MIT、Stanford、Harvard等著名高校先后创办了自己的创业计划竞赛。其中以MIT的商业计划竞赛(现在更名为创业计划竞赛)最为成功。

MIT的"5万美金创业计划竞赛"已有多年历史,影响非常之大。MIT创业计划竞赛成功的原因主要有以下几个方面。首先他们提倡全美最优秀的MIT工学院和位居全美前五位的MIT斯隆(Sloan)商学院的学生在竞赛中进行密切合作,每一届创业计划竞赛组织3次组队沙龙,此外,他们每个月还举行一次午餐会,所有团队成员聚在一起商讨合作。其次是庞大的MIT校友网络,这些MIT的校友对自己"师弟师妹们"的帮助对于他们在创业阶段的成长起了非常重要的作用。最后,MIT的创业计划竞赛吸引了一大批优秀的天使基金投资家、风险投资家、律师事务所、会计师事务所、咨询公司来参加他们的活动,这其中有许多投资和项目买卖的成交都直接与这些公司有密切的关系。

MIT的创业计划竞赛从1990年开始举办,每年一届,其成就已令人瞩目。1990年仅有一份获奖的计划赢得了风险投资,成为今天很成功的一家高科技公司。而1997年度的竞赛结束后,当年就有7家公司从竞赛中诞生。从MIT创业计划竞赛中诞生的公司几乎每年都在增加。许多成熟的创业计划被附近的高科技公司以高价买走,促进了周边企业的发展。这些从MIT创业计划竞赛中诞生的公司绝大部分发展十分迅速,年增长率通常都在50%以上。剑桥的一家咨询公司统计的结果表明,表现最优秀的50家公司中竟有46%出自MIT的创业计划竞赛。这并非偶然,因为从MIT创业计划竞赛中诞生的公司大多具有以下特征:高技术含量;创业者是MIT的佼佼者;发展十分迅速。一批批的创业者在竞赛中得到锻炼和成长。风险投资家们涌入大学校园,寻求未来的技术经济领袖。

除了MIT的创业计划竞赛外,还有得克萨斯州立大学奥斯汀分校的Moot Corp等四个国际商业计划大赛也闻名整个美国。这些商业计划竞赛每年都吸引大量的风险投资基金的注意,成为美国校园一道独特的风景线。从某种意义上来说,高校的商业计划竞赛已经成为知识经济时代美国经济的直接驱动力量之一。

创业计划竞赛与风险投资紧密相关。风险投资在美国出现于"二战"后,举世闻名的硅谷就是风险投资的诞生地,风险投资和硅谷的高技术产业创业者们一块儿成长,和苹果公司、英特尔公司以及太阳微系统公司一块儿成长。风险投资和硅谷的创业者们一起经历数十年的风风雨雨,铸就了硅谷今天的辉煌。

在国际上家喻户晓的 Yahoo 公司便是一个风险投资的典范。当初杨致远凭着他对网络搜索引擎的构想赢得了 400 万美元的投资,短短几年他的公司创造出近 70 亿美元的市场价值,投资回报率达几百倍。

高科技与新兴服务企业的发展具有高风险、高投入的特点,这就决定了谨慎的传统投资模式已不可能为其提供充足的资本,于是风险投资应运而生。由于高科技产业存在技术风险、市场风险、管理风险,投资家不得不对每一项投资慎之又慎。这就要求创业者在创业计划中对市场做出最清晰的分析,对产品的需求做出最准确的预测,对未来企业的管理做出最周密的筹划,对投资的收益做出最可信的阐释。投资者也往往通过创业者提交的创业计划来了解和考察创业者,从一定意义上讲,创业计划是创业起步的通行证。

当代著名的美国高科技大公司,几乎都是创业者们利用风险投资创造出来的。Intel 的摩尔、格鲁夫,Microsoft 的盖茨、艾伦,Apple 的乔布斯,惠普的休利特、帕卡德,Netscape 的安德森,Dell 的戴尔,Yahoo 的杨致远等无不是创业者的典范,这些公司中的大部分是年轻的学生在离校后不久甚至在学校里就开始创办的。

(资料来源于网络,有改动)

拓展活动　创业计划书编写

自己动手编写一份创业计划书吧!

第八章 创业融资

第一节 创业融资概述

一、创业融资的概念

融资,指为支付超过现金的购货款而采取的货币交易手段,或为取得资产而集资所采取的货币手段。融资通常是指货币资金的持有者和需求者之间,直接或间接地进行资金融通的活动。广义的融资是指资金在持有者之间流动、以余补缺的一种经济行为,这是资金双向互动的过程,包括资金的融入(资金的来源)和融出(资金的运用)。狭义的融资只指资金的融入。

从狭义上讲,融资即一个企业的资金筹集的行为与过程,也就是公司根据自身的生产经营状况、资金拥有的状况,以及公司未来经营发展的需要,通过科学的预测和决策,采用一定的方式,从一定的渠道向公司的投资者和债权人去筹集资金,组织资金的供应,以保证公司正常生产需要、经营管理活动需要的理财行为。公司筹集资金应该遵循一定的原则,通过一定的渠道和一定的方式去进行。我们通常讲,企业筹集资金无非有三大目的:企业要扩张、企业要还债以及混合动机(扩张与还债混合在一起的动机)。

从广义上讲,融资也叫金融,就是货币资金的融通,是当事人通过各种方式到金融市场上筹措或贷放资金的行为。从现代经济发展的状况看,作为企业需要比以往任何时候都更加深刻、全面地了解金融知识、了解金融机构、了解金融市场,因为企业的发展离不开金融的支持,企业必须与之打交道。1991年,邓小平同志视察上海时指出:"金融很重要,是现代经济的核心,金融搞好了,一着棋活,全盘皆活。"由此可看出政府高层对金融的逐渐重视。

创业融资是指创业企业根据自身发展的要求,结合生产经营、资金需求等现状,通过科学的分析和决策,借助企业内部或外部的资金来源渠道和方式,筹集生产经营和发展所需资金的行为和过程。

二、创业融资的原则

首先,融资的第一原则是"融知"。

融资的第一原则是"认知相融",我们称之为"融知"。融知的核心是认知的竞争,营销界有句老话:"事实不是认知,只有认知才是事实。"只有在对未来发展思路有高度认同的基础上,双方才能达到高度的默契,才能实现资本与品牌、资源与人才的完美融合,才能放手创造奇迹,才能避免"道不同不相为谋"的事件发生。为什么很多企业融资失败？最重要的原因就是没有达成对未来发展方向认知的高度"认同"，而只是简单地停留在就融资谈融资上，就钱谈钱那是很难融到真正好的资本的。

其二，融资的第二原则是"融智"。

融资的第二原则是"智慧相通"，我们称之为"融智"。思想力是万力之源，资本的背后是思想力的支持。只有对理念的认同、对价值观的认可、对经营之道和策略的认赏，才能充分放大资本和资源的价值。只有把投资方的智慧与企业内在的智力优势整合，才能确保在同一方向上走得更轻松和更容易。很多投资方与企业很容易对未来的大方向达成一致，但很难就如何运作和具体的执行方案达成一致，往往会制约成功的速度。所以，把握智慧相融的原则和方向，是融资的不二定律。

其三，融资的第三原则是"融志"。

融资的第三原则是"志气相投"，我们称之为"融志"。人心是最大的资源，人才是竞争的核心，团队是企业发展的王牌，资本是为人心和团队服务的。融资的目的更重要的是释放和激活人才和团队的创造价值，让人才各尽其用，让每个人都在融资后的大平台上，志向所归，人心所望，大事必成，融资后的公司才能进入一个全新的发展时代。

很多公司往往有一个误区，认为有钱了什么事都好办，其实那是假象。融资一定要想办法为团队的发展和个人价值的实现提供足够的空间和路径，才能用人才放大资本的价值，才能用资本激活人才的创造能力。从一定意义上讲，投资的实质其实就是投人，是投资团队。

其四，融资的第四原则是"融制"。

融资的第四原则是"规制相升"，我们称之为"融制"。制度创造完美，规划引领未来。国家有规划，每个企业也有其长远的规划和近期目标，资本方的加盟，其目的一定是有利于进一步地提升企业面向未来的规制能力，提升对未来和现在的宏观把控能力，为赢得先机积极导航。融资的根本是制定全新的发展规划，制定行之有效的放大资本的策略和路线，让所有的利益相关方和团队，围绕核心战术制定全局战略，放大资本优势，激活固有资产，为实现在新领域的增长而努力。这里有一点必须讲清楚，"融制"其核心是提升企业自身的规制能力，是促使企业进步的动因，而不是投资方要派人来为企业制定发展方向和发展目标，这是两个概念。

其五，融资的第五原则是"只融资不融治"。

融资的第五原则，也是关键原则，就是"只融资不融治"。马云有句话讲得好，资本永远是舅舅，企业永远是创业团队的孩子，如果抛弃创业团队而另起炉灶来融资，那绝对是舍本逐末。很多企业为了融资而放弃企业的核心经营权，甚至抛弃老员工、老团队，完全从零开始，甚至以外行领导内行，带来的是灾难性的后果，表面上是有钱了，结果是没钱的时候还能生存，有钱反而加速企业的崩盘。这是因为很多企业在融资的过程中，不能守住融资一定是"融知、融智、融志和融制"的过程，而不是"融治"的过程，可以卖掉企业，但对卖掉经营权一定要慎重，更不能走折中方案，搞妥协共治格局，古人云，一山不容二虎，在融资界依然有效。

投资的直接目的是放大资本的价值，是增值，是更强的变现，而不是干涉企业治理。更要清晰地说明，只有现有的核心团队，才有足够把握全局和发展资本的领导力，资本是为思想服务，而不是思想为资本服务。丑话一定要讲在前面，一定要提醒投资方：你可以委派财务总监对你的资本进行监督，但是绝对不能"干政"，这是融资的根本定律。

只有基于以上五大原则的高度共识，才能放大资本的真正价值，才能实现一分投资创造百分价值。只有在方向上有共同目标,只有有共同的价值观、共同的经营理念,才能创造资本与投资企业共赢的全新辉煌,让包括消费者、投资方、供应商、员工、社会、政府等在内的所有利益相关方在发展和做大投资企业的道路上多赢。

三、融资的过程

一般来说,创业融资的过程包括融资前准备、测算创业所需资金、编写商业计划书、确定融资来源以及融资谈判等。

1. 做好融资前的准备

对于新创企业来说,创业融资比较困难。但是,创业融资决定了企业之后的成长与发展。因此,创业者在创业融资前要做好相应的准备工作。

首先,要建立良好的个人信用。市场经济是一种信用经济。信用对国家、对企业、对个人都是一种珍贵的资源。在创业融资中,信用具有很重要的作用。人都生活在一定的社群中,创业者也不例外。创业者因为具有创业精神和创新意识,在思维方法和行为方式上会有不同之处,显示出异质性人力资本的特征。但信任是一种市场规则,谁若违背了,则该信息就会在社群内通过口碑传播。而创业者最初的融资往往来自亲人、朋友和同事,如果口碑太差,信任度太低,融资难度会加大。个人信用不是在创业融资时速成的,而需要创业者平时注重加强自己的道德修养,培养良好的信用意识以及良好的人脉关系,这对于获取创业资源至关重要。

创业者的关系网络形成了初创企业的社会资本。企业社会资本是指企业通过社会关系获取稀缺资源并由此获益的能力。研究表明,创业者的人脉关系对创业融资和创业绩效有直接的促进作用。不应该把人脉关系等同于所谓的"拉关系""走关系"等寻租行为,而应将其看成是基于正常的社会经历建立的,诸如师生、同学、朋友、同事等人际关系,这些关系在创业过程中会带来有用的信息和资源。

2. 测算创业所需资金

资金需求量的估算是融资的基础,每个创业者在融资前都要明确。创业者在创业之前必须慎重而严谨地进行所需资金的测算。筹集资金是开创事业最基础的工作,是一切的开始。有很多创业者与创业项目相关的专业技术过硬,他们有一些很好的想法和目标,如开办一家农家乐,产、供、销"一条龙"的经营路线,等等。可是,当问到他们需要多少投资,资金分别用于哪些方面以及所需资金如何获得等问题时,却是一片茫然。

首先,创业所需的资金量一定要通过仔细论证、认真推敲和详细的财务预算来估量。对于创业者来说,首先要清楚创业所需资金的用途与分配。任何企业的经营都需要一定的资产,资产以各种各样的形式存在,包括银行存款、原材料、产成品、机器设备、房屋厂房等。投资数额与资产存在的形式、企业经营的规模、经营的产品品种、项目的经营方式及竞争对手的相关情况等因素有关。通常,创业者需制订多种方案,对这些方案做出详细的比较,列出每个方案的明细支出,比如预付多少租金、房屋装修费是多少、添置多少台设备、需要多少人力等,并对各个方案可能产生的利润进行核算。确定的数额要与同行、同规模的企业进行比较,再看这个数额是否可行,是偏高还是偏低,这样不至于出现太大的误差,以免造成资金不必要的浪费。

其次,创业者要在具有较高保险系数的前提下来估量投资数额。目标数额不能超出规模所要求的太多,但如果低估投资数额,开业后也会带来很大的问题。因为开业后,除了事先可计算的合理支出,比如购买企业经营所需的固定资产,同时还要有足够的资金来支付企业的日常运营开支,如员工工资、水电费等。同时避免不了一些随机的临时支出。创业者在创业初期也可能会因过度热情与盲目乐观而忽略一些带有隐蔽性和不可预测性的支出,因此,必须有一定数额的流动资金来支持正常的销售和运作。而有时,一些创业者为了吸引投资故意把预算做得低一些,结果也会造成被动。

一旦确定了投资额度,接下来,创业者需要充分考虑自己筹措资金的能力和可能挖掘的资金筹集渠道,找到可以给你提供创业帮助的人来筹集资金。筹集资金要有计划地进行,只有资金储备雄厚,成功的把握才能更大,事业进展才能更加顺利。虽然筹措资金需要时间,但要尽量缩短筹资的过程,尽快使自己的事业走上正轨,使资金尽快转化成利润,及时归还贷款或分红,从而吸引更多的投资来扩大再生产。但如果在资金使用过程中不能够创造出高于其成本的收益,则企业会发生亏损。因此,创业者在筹集资金之前,要能够运用科学的方法,准确估算资金需求数量。

3. 编写商业计划书

创业企业对资金的需求,需要通盘考虑企业创办和发展的方方面面,要对企业有全面筹划。编写商业计划书是一种很好的对未来企业进行规划的方式。商业计划书相当于我们企业的一张名片。在商业计划书中,创业者需要估计未来可能的销售状况、所需要的资源配备,进而计算出所需要的资金数额。

4. 确定融资来源

在确定了创业企业需要的资金数额之后,创业者需要进一步了解可能的资金筹集渠道,创业者需要对自己的人脉关系进行一次详尽的排查,初步确定可以成为资金来源的各种关系。同时,需要收集各方面的信息,以获取银行、政府、担保机构、风险投资机构等的信息,包括政府新近出台的一些创业资金的支持政策、各种创业空间、创业孵化园等信息,从多方面入手寻找和筛选融资来源和对象。了解不同筹资渠道的优缺点,根据自身的特征以及对未来的规划,权衡利弊,选择所要采用的融资来源。

5. 做好融资谈判

选定拟采取的融资渠道之后,创业者就需要和潜在的投资者进行融资谈判。提高谈判获胜的概率,要求创业者首先对自己的创业项目非常熟悉、充满信心,并对潜在投资者可能提出的问题做出猜想,事先准备相应的答案,在谈判时,要抓住时机陈述重点,做到条理清晰。如果可能的话,向有经验的人士进行咨询,会提高谈判成功概率。

第二节　融资成本概述

一、融资成本的概念

企业融资成本包括两部分,即融资费用和资金使用费。融资费用是企业在资金筹集过程中发生的各种费用;资金使用费是指企业因使用资金而向其提供者支付的报酬,如股票融资向股东支付股息、红利,发行债券和借款支付的利息,借用资产支付的租金,等等。需要指出的是,上述融资成本的含义仅仅只是企业融资的财务成本,或称显性成本。除了财务成本外,企业融资还存在着机会成本,或称隐性成本。机会成本是经济学的一个重要概念,它是指把某种资源用于某种特定用途而放弃的其他各种用途中的最高收益。我们在分析企业融资成本时,机会成本是一个必须考虑的因素,特别是在分析企业自有资金的使用时,机会成本非常关键。因为,企业使用自有资金一般是"无偿"的,它无须实际对外支付融资成本,但是如果从社会各种投资或资本所取得的平均收益的角度看,自有资金也应在使用后取得相应的报酬,这和其他融资方式应该是没有区别的,所不同的只是自有资金不需对外支付,而其他融资方式必须对外支付。

融资成本是资金所有权与资金使用权分离的产物,融资成本的实质是资金使用者支付给资金所有者的报酬。由于企业融资是一种市场交易行为,有交易就会有交易费用,资金使用者为了能够获得资金使用权,就必须支付相关的费用。如委托金融机构代理发行股票、债券而支付的注册费和代理费,向银行借款支付的手续费,等等。

二、融资成本的特点

近年来,国内已有许多研究者从不同角度对上市公司的股权融资偏好进行了研究,但一些研究的局限性在于:没有能够牢牢抓住融资成本这一主线展开对上市公司的股权融资偏好行为的实证研究。而我们认为,无论是债务融资还是股权融资,上市公司的任何一种融资方式都是有成本的,而评价上市公司外源融资策略合理与否及融资结构优劣的最重要的标准或出发点就是上市公司的融资成本。

上市公司的融资成本存在"名义成本"和"真实成本"之分。国内大多数关于上市公司融资成本的研究中所提到的或所计算出来的融资成本实际上只是表面意义上的,即应属于"名义资本成本",而问题的关键和实质则是究竟应如何合理计量上市公司的"真实资本成本"或"真实融资成本"。对于实施增发再融资的上市公司而言,无论是股权融资成本还是融资总成本都要比名义融资成本高得多。

三、融资成本计量模型

在公司融资成本的计量方面,从20世纪90年代以来,西方公司财务研究基本上认可了资本资产定价模型(CAPM)在确定经过风险调整之后的所有者权益成本中的主流地位。在借鉴相关研究的基础上,顾银宽等(2004)建立了中国上市公司的债务融资成本、股权融资成本和融资总成本的计量模型或公式。

1. 资本计算

融资资本包括债务融资资本和股权融资资本,DK代表债务融资资本,EK代表股权融资资本,则分别有:

$$DK = SD_1 + SD_2 + LD$$

其中:SD_1代表短期借款,SD_2代表一年内到期的长期借款,LD代表长期负债合计。

$$EK = \sum_{j=1}^{5} EK_j + \sum_{j=1}^{2} ER_j$$

其中:EK_1代表股东权益合计,EK_2代表少数股东权益,EK_3代表坏账准备,EK_4代表存货跌价准备,EK_5代表累计税后营业外支出;ER_1代表累计税后营业外收入,ER_2代表累计税后补贴收入。

2. 债务成本

对上市公司来说,债务融资应该是一种通过银行或其他金融机构进行的长期债券融资,而股权融资则更应属长期融资。大多数上市公司募集资金所投资项目的承诺完成期限为3年左右,因此可以将债务融资和股权融资的评估期限定为3年。以DC代表债务融资成本,则DC可直接按照3~5年中长期银行贷款基准利率计算。

3. 股权成本

股权融资成本EC必须根据资本资产定价模型来计算。CAPM就是:

$$r_i = r_f + \beta_i(r_m - r_f)$$

其中:r_i为第i个股票的收益率,r_f为无风险资产的收益率,r_m为市场组合的收益率,β_i代表第i个股票收益率相对于股市大盘收益率的回归系数。

4. 融资总成本

上市公司的融资总成本是债务融资与股权融资成本的加权平均,即:

$$C = DC \times (DK/V) \times (1-T) + EC \times (EK/V)$$

其中:C代表融资总成本,T代表所得税税率,V代表上市公司总价值。

$$V = E + DS + DL$$

其中:E代表上市公司股票总市值,DS代表上市公司短期债务账面价值,DL代表上市公司长期债务账面价值。

5. 实际计算

(1)无风险收益率的确定。在我国股市条件下,关于无风险收益率的选择实际上并没有什么统一的标准,从上市公司的角度,在实际计算中我们采用当年在上海证券交易所挂牌交易的期限最长的国债的内部收益率(折成年收益率)。

(2)市场风险溢价的估计。在明确了无风险收益率的计算依据之后,计算市场风险溢价的关键就是如何确定股票市场的市场组合收益率,实际中我们采用自上市公司实施股权融资之后的三年时间内上证综合指数累计收益率(折成年收益率)。

(3)融资总成本中的上市公司总价值V的计算。由于中国上市公司的市值存在总市值和流通市值之分,而债务资本的账面价值的确定也存在不确定因素,因此,直接计算上市公司总价值是有困难的,在实际计算时我们采用总投入资本即债务融资资本与股权融资资本之和(EK+DK)代替上市公司总价值V。

四、融资成本分析

一般情况下,融资成本指标以融资成本率来表示:融资成本率=资金使用费÷(融资总额-融资费用)。这里的融资成本即资金成本,是一般企业在融资过程中着重分析的对象。但从现代财务管理理念来看,这样的分析和评价不能完全满足现代理财的需要,我们应该从更深层次的意义上来考虑融资的几个其他相关成本。

首先是企业融资的机会成本。就企业内源融资来说,一般是"无偿"使用的,它无须实际对外支付融资成本(这里主要指财务成本)。但是,如果从社会各种投资或资本所取得的平均收益的角度看,内源融资的留存收益也应于使用后取得相应的报酬,这和其他融资方式应该是没有区别的,所不同的只是内源融资不需对外支付,而其他融资方式必须对外支付。以留存收益为代表的企业内源融资的融资成本应该是普通股的盈利率,只不过它没有融资费用而已。

其次是风险成本,企业融资的风险成本主要指破产成本和财务困境成本。企业债务融资的破产风险是企业融资的主要风险,与企业破产相关的企业价值损失就是破产成本,也就是企业融资的风险成本。财务困境成本包括法律、管理和咨询费用。其间接成本包括因财务困境影响到企业经营能力,至少减少对企业产品需求,以及没有债权人许可不能做决策,管理层花费的时间和精力等。

最后,企业融资还必须支付代理成本。资金的使用者和提供者之间会产生委托—代理关系,这就要求委托人为了约束代理人行为而必须进行监督和激励,如此产生的监督成本和约束成本便是所谓的代理成本。另外,资金的使用者还可能进行偏离委托人利益最大化的投资行为,从而产生整体的效率损失。

融资成本分析表如表8-1所示。

表8-1 融资成本分析表

单位：

项 目	对比分析期		差 量
	年	年	
权益性融资(所有者权益)			
负债融资			
融资总额			
息税前利润			
减:利息等负债融资成本			
税前利润			
减:所得税			
税后利润			
减:应交特种基金			
提取盈余公积			
本年实现的可分配利润			
本年资本(股本)利润率			
本年负债融资成本率			

第三节　创业融资方式

一、企业的融资方式

融资方式是资金余缺调剂的具体形式和渠道,也就是资金由盈余部门向资金短缺部门转化的形式和渠道,即由储蓄转化为投资的形式和渠道。企业的融资方式很多,按不同标准划分可形成不同类型的融资方式。

(一)内源融资方式

内源融资是企业在生产经营过程中从其内部融通资金的融资方式,具体包括留存收益、折旧基金、内部集资和业主自筹等方式。

1. 留存收益

留存收益是指企业从历年实现的利润中提取或形成的留存于企业的内部积累,包括盈余公积和未分配利润两类。盈余公积是指企业按照有关规定从净利润中提取的积累资金,公司制企业的盈余公积包括法定盈余公积和任意盈余公积。法定盈余公积是指企业按照规定的比例从净利润中提取的盈余公积。任意盈余公积是指企业按照股东会或股东大会决议提取的盈余公积。企业提取的盈余公积经批准可用于弥补亏损、转增资本或发放现金股利或利润等。未分配利润是指企业实现的净利润经过弥补亏损、提取盈余公积和向投资者分配利润后留存在企业的、历年结存的利润。相对于所有者权益的其他部分来说,企业对于未分配利润的使用有较大的自主权。

2. 折旧基金

折旧基金是企业按照国家规定,根据固定资产折旧额提取的一种专用基金,包括基本折旧基金和大修理折旧基金两部分。基本折旧基金是用来保证固定资本在实物形式上进行局部更新的需要而设立的折旧基金。大修理折旧基金是为固定资本全部更新而设立的折旧基金。在机器设备整个报废以前,由于不断受到各种损耗,易损部分会首先损坏,需要逐步更换零件。整个机器设备损耗到一定程度需要进行大修理。

按照财务制度规定,留给企业自行支配的折旧基金,是构成企业更新改造基金的主要组成部分。工业企业一般按月计提,以折旧费用和大修理费用计入产品成本。自 1985 年起,工业企业可留用基本折旧基金的 70%,其余由有关部门和省、自治区、直辖市掌握。商业企业的基本折旧基金每季度或每半年按固定资产的综合基本折旧率提供,并留给本系统使用。大修理折旧基金除冷库、油库、大型商店、商办工业及仓储业外,其他企业一律不计提,所发生的大修理费用,在商品流通费项目列支。

3. 内部集资

企业内部集资是指生产性企业为了加强企业内部集资管理,把企业内部集资活动引向健康发展的轨道,在自身的生产资金短缺时,在本单位内部职工中以债券等形式筹集资金的借贷行为。内部集资应当遵循自愿原则,不得以行政命令或其他手段硬性摊派。

申请集资的企业,必须具备以下条件:①有工商行政管理部门颁发的营业执照;②有一定的自有流动资金;③在银行开设账户。

申请集资的企业应向负责审批的银行提供下列文件资料:①集资申请书和集资方案;②营业执照副本;③近期会计报表;④其他应提供的材料。

4. 自筹资金

自筹资金是指建设单位自行筹集资金进行投资。自筹资金具有广泛性、分散性、灵活性等特点。自筹资金包括各级地方财政的自筹资金和企业、事业单位的自筹资金。

(二)外源融资方式

外源融资是从企业外部筹集资金的方式,也是企业的重要融资方式。

1. 贷款

(1)银行贷款。

这是人们在资金筹措不足的情况下首先想到的融资方式。银行也在不断加强对个人创业的信贷支持力度,贷款种类越来越多,条件也不断放松,创业者可视情况选择适合自己的。

短期借款:其优点在于借款期限短,成本较长期借款低;缺点在于融资成本高于商业信用,此外偿还期限短,如果短期内无力偿还本息,可能导致财务危机。

长期借款:其优点在于融资成本低,利息可在所得税前扣除,从而减少企业实际负担的成本,较股票及债券的融资成本低;缺点在于融资风险高。

(2)个人创业贷款。

创业贷款是指具有一定生产经营能力或已经从事生产经营活动的个人,因创业或再创业提出资金需求申请,经银行认可有效担保后而发放的一种专项贷款。符合条件的借款人,根据个人的资源状况和偿还能力,最高可获得单笔 50 万元的贷款支持;对创业达一定规模或成为再就业明星的人员,还可提出更高额度的贷款申请。创业贷款的期限一般为 1 年,最长不超过 3 年。

(3)商业抵押贷款。

银行对外办理的许多个人贷款,只要抵押手续符合要求,银行就不问贷款用途。需要创业的人,可以灵活地将个人消费贷款用于创业。抵押贷款金额一般不超过抵押物评估价的 70%,贷款最高限额为 30 万元。如果创业需要购置沿街商业房,可以用拟购房子做抵押,向银行申请商用房贷款,贷款金额一般不超过拟购商业用房评估价值的 60%,贷款期限最长不超过 10 年。

(4)保证贷款。

如果你没有存单、国债,也没有保单,但你的家人或亲朋好友有一份稳定的收入,那么这也能成为绝好的信贷资源。当前银行对高收入阶层情有独钟,律师、医生、公务员、事业单位员工以及金融行业人员均被列为信用贷款的优待对象,这些行业的从业人员只需找一到两个同事担保,就可以在金融机构获得 10 万元左右的保证贷款。而且,这种贷款不用办理任何抵押、评估手续。如果你有这样的亲属,可以以他的名义办理贷款,在准备好各种材料的情况下,当天即能获得创业资金。

(5)典当贷款。

典当是以实物为抵押,以实物所有权转移的形式取得临时性贷款的一种融资方式。典当物品的范围包括金银珠宝、古玩字画、有价证券、家用电器、汽车、服装等私人财物。典当行一般按照抵押商品现时市场零售价的 50%~80%估价,到期不能办理赎回的可以办理续当手续。

2. 股票融资

股票融资方式的优点在于:一是融资数量大,通过发行股票可以从市场迅速筹集大量资金,实现资本扩张;二是融资风险小,股票没有固定期限,不用偿还本金,融资风险小。缺点在于:股票发行手续烦琐,发行费用高,就目前来看,股票融资成为企业重要融资方式还不成熟,特别是小型企业,向社会募集发行股票是很难做到的。

3. 债券融资

债券融资的优点是融资成本低于股票融资。其缺点在于:一是限制条件多,使中小企业不得不放弃对债券融资方式的选择;二是风险大,债券有固定的期限,需定期支付利息,当市场经济不景气时,会给企业带来较大的融资风险,甚至会导致破产。

4. 贸易融资

贸易融资指的是企业在商品交易过程中,可以合理运用短期结构性融资工具,基于商品交易中的存货、预付款、应收账款等资产进行融资。贸易融资对于中小企业是一种较为适合的融资方式,在贸易融资中通常要涉及保理问题,这样就有利于资质偏低的中小企业进行融资。贸易融资的优点在于:具有自偿性,都是以产品来进行抵押融资的,投资者关心的是企业的产品,产品更具有自偿性,这是贸易融资中一个较为鲜明的特点;贸易融资形式灵活多样,贸易融资前提是企业提供产品或者有存货、应收账款等,具有多样性特点。它的缺点在于:融资风险较高,中小企业利用贸易融资方式来进行融资,相较于其他方式具有较高风险,这是由我国大环境造成的,我国金融市场对于贸易融资还欠缺有效的监管。

5. 合伙入股

合伙创业不但可以有效筹集资金,还可以充分发挥人才的作用,并且有利于对各种资源的利用与整合。合伙投资要特别注意以下问题。一是要明晰投资份额,大家在确定投资合伙经营时应确定好每个人的投资份额,平分股权的方式并不一定是最好的选择,平分投资份额往往为以后的矛盾埋下祸根。因为没有合适的股份额度,将导致权利和义务相等,结果使所有的事情大家都有同样多的权利,都有同样多的义务,经营意图难以实现。二是要加强信息沟通。很多人合作总是因为感情好,"你办事我放心",所以就相互信任。但假如因此而不注意交流沟通,就容易产生误解和分歧,不利于合伙基础的稳定。三是要事先确立章程。合伙企业不能因为大家感情好,或者有血缘关系,就没有企业的章程,没有章程是合作的大忌。

6. 特许经营

特许经营是指特许者将自己所拥有的商标、商号、产品、专利和专有技术、经营模式等以合同的形式授予被特许者使用,被特许者按合同规定,在特许者统一的业务模式下从事经营活动,并向特许者支付相应的费用。现阶段,连锁经营已成为一种引领市场潮流的营销模式。

之所以把特许经营作为创业融资的一种手段,是因为很多银行也积极参与特许经营,为创业者提供贷款。如工行曾与柯达公司联合推出助业贷款,对个人投资的9.9万元由银行贷款提供,由柯达帮其建一个彩扩店。而浦发银行的个人创业贷款是支持联华便利的"投资7万元、做个小老板"特许加盟方案。这种助业贷款,可以达到"一举三得"的效果:银行的信贷资金可以获得比较安全的投放渠道;借款人通过银行贷款可以达到投资创业的目的;企业达到了销售自己产品的目的。

融资方式的选择是一个动态的、不断变化的过程,现实中企业的情况千差万别,究竟如何确定最佳融资方式,具体归纳如下:

充分利用债务融资的"税盾效应"。目前,我国企业的税收优惠正逐步减弱,这就使得债务融资的税盾效应的优势逐渐凸显出来。企业应充分利用税盾效应来增加现金流量,为企业创造更多价值。同时,在选择债务融资的方式上,除了向银行借贷融资外,还可以通过发行债券或者是可转换公司债券等方式进行融资。

正确对待融资偏好问题。过分偏好股权融资对企业的发展极其不利,企业应正确对待股权融资比重过高的问题,发展多渠道的融资方式。降低企业管理层与市场之间信息不对称的程度,从而降低融资成本,优化企业的融资方式。

降低企业的加权平均资本成本。加权平均资本成本是衡量企业市场价值的重要标准,加权平均资本成本降低的过程,也是企业市场价值逐步提高的过程。企业要降低加权平均资本成本,必须首先增加债务融资,利用债务融资的税盾效应来降低企业的加权平均资本成本;其次,我国股权融资成本已逐渐呈上升的趋势,主要表现在管理层对融资方的审查更加严格,这就要求企业应合理设计股权融资与债务融资的比例,使企业加权平均资本成本实现最小化。

二、我国中小企业融资方式比较

通过对融资方式的介绍,可以知道每种融资方式都有其独有的特点,下面就将结合理论分析,对以上介绍的融资方式来做比较,主要从融资成本、资金利用率、偿还能力、融资机制规范程度、融资主体自由度这五个方面来比较上述几种融资方式。

(1)融资成本比较。

融资成本是资金的使用权和所有权相互分离的产物,它是指企业取得和使用资金需要付出的代价,又叫用资成本。严格意义上来讲,融资成本分为两个阶段:前一个阶段是融资过程中发生的费用,可以称之为融资费用;后一个阶段是使用资金给予投资方的报酬费用,可以称之为资金使用费。融资总额与融资费用之间的差额为融资净额,即企业实际能使用的资金。

按财务理论,通常融资成本以融资成本率来表示,融资成本率计算公式如下:

$$融资成本率=资金使用费/融资净额$$

首先按照财务理论来分析单纯的股权融资、债务融资和内部融资三类融资的成本。

①股权融资成本。

对于股权融资来讲,财务管理理论认为股权融资具有机会成本,企业使用股权融资必须达到投资者需要的最低报酬率,其理论表达式为:投资者要求的最低报酬率=每股净收益/每股价格。但投资者要求的最低报酬还不完全是股权融资的成本,这只是表示了股权融资的资金使用费。股权融资相对于另外两种方式,它还有较多的融资费用,即发行费用,所以总的来说,股权融资成本可以用以下公式来表示:

$$股权融资成本率=投资者要求的最低报酬率/(1-发行费用率)$$

由于发行费用率较高,所以股权融资成本率一般来说相对较高。

②债务融资成本。

债务融资成本通常来讲是企业向社会发行债券或者向银行等机构借款直接支付的利息费用。在会计理论研究中,债务融资产生的利息费用属于费用科目,可以在税前利润中扣除,对于企业来讲具有税盾效应,因此债务融资成本可以用下面的公式来表示:

首先是银行借款成本,通常用 KI 来表示:

$$KI=I(1-T)/[L(1-f)]$$

其中:KI 表示银行借款成本率,I 表示银行借款利息,L 表示银行借款融资总额,T 表示所得税税率,f 表示银行借款融资费用率。

然后是发行债券的成本,债券融资成本中的利息费用就是资金使用费,债券的融资费用较

高,但是由于可以在税前支付,因此同样具有减税效应。债券融资成本率计算公式为:

债券融资成本率＝(1－所得税税率)×债务利息/[融资总额×(1－融资费用率)]

债券融资成本由于具有较高的融资费用,例如发行费等,因此债券成本一般高于银行成本。

③内部融资成本。

企业在进行利润分配的时候,一般不会将所有的利润全部拿来分配股利,而会将一部分利润留存作为留存收益,此部分留存收益可以作为企业的内部融资。内部融资属于留存收益的一部分,而留存收益属于股东,内部融资的成本与股权融资成本的计算方法相似,但是由于内部融资没有融资费用,因此要低于股权融资的成本,其计算公式如下:

内部融资成本＝股权融资成本×(1－融资费用率)

可见,内部融资是成本最低的融资方式。

基于以上可以来分析我国中小企业常用的融资方式:属于股权融资的有股权融资和上市融资两种;属于债务融资的有银行贷款融资、债券融资两种;贸易融资形式较为多样化,但是都是以债务融资为主,所以这种融资方式成本可以用债务融资成本来评估;此外还有内部融资。

通过开始对成本的评估,股权融资成本是最高的,而债务融资成本次之,最后是内部融资。在股权融资中,上市融资相对于直接的股权融资成本又较高,所以上市融资成本＞股权融资成本;债务融资中,发行债券融资成本相比于银行融资成本又较高,而项目融资和贸易融资形式多样,成本介于债券融资成本和银行融资成本之间,成本较低的是银行贷款融资;最后,内部融资因为是利用企业内部留存收益,融资成本是最低的。

所以综合考虑,几种融资方式成本可以按如下来排序:上市融资＞股权融资＞债券融资＞贸易融资＞银行贷款融资＞内部融资。

(2)资金利用率比较。

企业在融资之后,必须要考虑资金的利用率。资金利用率有两层意思,分别为资金到位率和资金的投向。资金到位率是指融资资金实际到账与预期融资金额的比例。资金的投向是指企业在获得资金后资金的具体使用问题,这也在很大程度上影响了资金的利用率。

内部融资＞贸易融资＞债券融资＞银行贷款融资＞股权融资。

(3)融资资金偿还能力比较:内部融资＞股权融资＞银行贷款融资＞贸易融资＞债券融资。

(4)融资机制规范程度比较。

在融资方式规范性的表现上,银行贷款融资＞债券融资＞股权融资＞上市融资＞贸易融资,而内部融资具有较大的不确定性,依赖于企业自身的制度建设。

(5)融资主体自由度比较:内部融资＞上市融资＞股权融资＞银行贷款融资＞债券融资＞贸易融资。

第四节　创业资金测算

在企业经营的不同阶段都会涉及融资问题。在创业初期,合理地筹集创业所需资金是对创业者最为基本的素质要求,也是其创办企业的前提。筹集不到足额资金会使企业出现资金断流,甚至被迫清算。而筹集的资金过多,又会导致资金的闲置,产生机会成本,导致企业经营效率低下。所以,创业者一定要能够对创业所需资金进行科学的估算。

一、创业资金的分类

创业资金按照不同的标准有不同的分类,通过对创业资金的不同分类,可以帮助创业者全面地考虑到可能的资金需求。

1. 按照资金的占用形态和流动性分类

按照资金的占用形态和流动性,创业资金可以分为流动资金和非流动资金两大类。

非流动资金主要包括经营场地费用(企业用地和建筑费用)、设备费用(如企业所需的机器、工具、工作设施、车辆、办公家具等)、开办费(注册费、验资费、营业执照费、市场调查费、办公费、装潢装修费、技术转让费、加盟费、金额较大的培训费等)。一般来说,固定资产价值较高、使用时间较长,通过累计折旧,逐步分摊到今后的经营成本费用中,逐步回收。

流动资金也称运营资金,是指保证企业经营活动正常运转所需支出的资金。流动资金主要包括原材料和商品存货、促销费用、工资、租金、保险费用(如社会保险和商业保险)、其他费用(包括水电燃气费、办公用品费、交通费、电话费等)、不可预见费(如罚款、物品被盗窃或丢失造成的损失等)。

2. 按照资金投入企业的时间分类

按照资金投入企业的时间,创业资金可分为投资资金和营运资金。

投资资金发生在企业开业之前,是企业在筹办期间发生各种支出所需要的资金。投资资金包括企业在筹建期间为取得原材料、库存商品等流动资产投入的流动资金;购建房屋建筑物、机器设备等固定资产,获取专利权、商标权、版权等无形资产投入的非流动资金;以及在筹建期间发生的人员工资、办公费、培训费、差旅费、印刷费、注册登记费、营业执照费、市场调查费、咨询费和技术资料费等开办费用所需资金。

营运资金是从企业开始经营之日起到企业能够做到资金收支平衡为止的时间内企业发生各种支出所需要的资金,是投资者在开业后需要继续向企业追加投入的资金。收支平衡是指企业的支出和收入相等的状态。在收支平衡前我们叫作营运前期。

营运前期的时间跨度往往依企业的性质而不同,一般来说,贸易类企业可能会短于一个月,制造类企业则包括从开始生产到销售收入到账,可能要持续几个月甚至几年;对于不同的服务类企业,营运前期的时间会有所不同。

需要注意的是,在进行资金测算时,我们往往只算投资资金而忽略营运资金。但是在很多行业中,营运资本的资金需求要远远大于投资资本的资金需求。为保证创业者能够顺利地筹集到所需资金,创业者必须要考虑周全,充分估算创业的所需资金。

二、测算所需资金

合理地筹集创业所需资金是对创业者最为基本的素质要求,也是其创办企业的前提。筹集不到足额资金会使企业出现资金断流,甚至被迫清算;但这也并不意味着筹集的资金越多越好,世上没有免费的午餐,资金都是有成本的,如果在资金使用过程中不能够创造出高于其成本的收益,创业企业就会发生亏损,很多创业企业都是在开始的时候被一下子获得的大笔资金

"撑死的"。

创业者必须要有一定的资金，才可以开展自己的经营活动。在进行资金的筹集时，创业者必须要考虑到资金的成本，并不是资金越多越好。所以，创业者在进行资金的筹集之前必须要科学地计算出所需的合理资金量。

(一) 测算投资资金

在进行投资资金的测算时，创业者需要考虑开办企业必须购买的物资和一些必要的开支。不同行业所需的投资资金是不同的，创业者需要通过市场调查，充分了解本行业所需的投资资金。

一般情况下，在筹建企业的时候，创业者需要购买原材料、库存商品等流动资产，购建房屋建筑物、机器设备等固定资产，取得专利权、商标权、版权等无形资产，在筹建期间还会发生人员工资、办公费、培训费、差旅费、印刷费、注册登记费、营业执照费等开办费用，这些支出所需的资金均属于投资资金。投资资金包括了所有这些在开业之前的流动资金、购建固定资产所需的资金投入，以及开办费用。

需要创业者注意的是，在估算投资资金时，大部分创业者均能想到购置厂房、设备及材料等的支出，以及员工的工资支出，但常常会忽略例如机器设备的安装费用、厂房的装修费用、创业者本身的工资支出、业务开拓费、广告费等，这些可能发生的大额支出。

那么如何能够既清晰合理又全面地进行投资资金测算呢？通过表格的形式，将投资资金的项目一一列举，是一个科学有效的办法。表 8-2 是投资资金估算常用的表格。

表 8-2 投资资金估算表

序 号	项 目	数 量	金额/元
1	房屋、建筑物		
2	设备		
3	办公家具		
4	办公用品		
5	员工工资		
6	创业者工资		
7	业务拓展费用		
8	房屋租金		
9	存货的购置支出		
10	广告费		
11	水电费		
12	电话费		
13	保险费		
14	设备维护费		
15	软件费		
16	开办费		
……			
合计			

在表8-2中,第1~3行(房屋、建筑物、设备、办公家具)的支出属于非流动资金支出。其中,房屋、建筑物的支出应该包括厂房的装饰装修费用,如果企业不是自建或购买,在租来的房屋中办公,就应该填写在第8行的房屋租金中,而且应关注房租的支付形式。一般来说,房屋租金多采用"押一付三"的方式支付,这样房屋租金的资金支出起码要预计4个月的租金数额;若房租采用半年付费或按年付费的方式,房屋租金的支出会更多。设备的支出包括机器设备的安装费用。

在表8-2的第4~15行当中,办公用品、水电费等的支出属于流动资金支出,在计算创业资金时要考虑这些费用需长期投入。创业者在估算投资资金时,一定不要忽略了其自身的工资、业务开拓费、设备维护费等项目。

表8-2的第16行是新创企业的开办费用。不同行业所需要的开办费用不同,如高科技行业筹建期间员工的工资和人员的培训费可能较高,有较高进入门槛的行业筹建期可能较长等。总之,开办费用的开支是企业无法避免的一项投资支出。

最后,不同行业所需要的资金支出不同,创业者应通过市场调查,将本行业所需的资金支出项目进行补充,也填写在表格中,并在最后一行计算合计数。

需要说明的是,创业者在估算投资资金时,一方面要尽可能考虑所需要的各种支出,避免漏掉一些必需项目,以充分估算资金需求;另一方面,创业者应想方设法节省开支,减少投资资金的花费,如采用租赁厂房、采购二手设备等方法节约资金。

(二)测算营运资金

一般而言,创业者必须准备足够的流动资金来维持企业的正常运转。不同类型的企业对流动资金规模的要求不同,一些企业需要足够的流动资金来支付6个月的全部费用,还有一些企业只需要支付3个月的费用。创业者必须预测在获得销售收入之前,新企业能够支撑多久。

企业在开张后需要运转一段时间才能有销售收入,营运资金主要就是指企业在开张和达到收支平衡之间需要投入的资金,这部分的资金主要是流动资金。在进行营运资金的估算时,创业者需要充分考虑企业未来的销售收入、成本和利润情况,通过财务预测的方式实现。

1. 测算企业的营业收入

营业收入是指企业在从事销售商品、提供劳务或转让资产使用权等日常经营业务过程中所形成的经济利益的总流入。新创企业收入的估算是制订财务计划与编制预计财务报表的基础。在进行营业收入测算时,创业者应立足于对市场的调研、对行业营业状况的分析,根据试销经验和市场调查资料,利用推销人员意见、专家咨询、时间序列分析等方法,以预测的业务量和市场售价为基础,估计每个会计期间的营业收入,具体可以通过表8-3来进行预测。

表8-3 营业收入估算表

项目		1	2	3	4	……	合计
产品一	销售数量						
	平均单价						
	销售收入						

续表

项　目		1	2	3	4	……	合　计
产品二	销售数量						
	平均单价						
	销售收入						
……							
合计	销售收入						

注：销售数量根据市场调查估算；平均单价根据市场调查和原材料成本估算；销售收入＝销售数量×平均单价。

2. 编制预计利润表

企业利润是企业一段时间内经营成果的展现。企业利润表主要依据"利润＝收入－成本"的会计等式进行计算，按营业利润、利润总额、净利润的顺序编制而成，是一个动态报表。

创业者在编制预计利润表时，应根据测算营业收入时预计的业务量对营业成本进行测算。成本预测表和预计利润表的格式分别如表 8-4 和表 8-5 所示。

表 8-4　成本预测表

项　目		1	2	3	4	……	合　计
产品一	销售数量						
	单位成本						
	销售成本						
产品二	销售数量						
	单位成本						
	销售成本						
……							
合计	销售成本						

注：销售数量根据市场调查估算；单位成本根据原材料成本估算；销售成本＝销售数量×单位成本。

表 8-5　预计利润表

项　目	1	2	3	4	……
一、营业收入					
减：营业成本					
营业税金及附加					
销售费用					
管理费用					
财务费用					
二、营业利润（损失以"－"号填列）					

续表

项　　目	1	2	3	4	……
加：营业外收入					
减：营业外支出					
三、利润总额（损失以"－"号填列）					
减：所得税费用					
四、净利润（损失以"－"号填列）					

注：营业收入＝预测销售收入；营业成本＝预测销售成本；营业税金及附加根据行业的税费标准进行估算；销售费用根据拟采用的营销组合进行估算；管理费用根据企业规模和战略进行估算；财务费用根据预计采用的融资渠道和融资成本进行估算；营业利润＝营业收入－营业成本－营业税金及附加－销售费用－管理费用－财务费用；营业外收入包括与企业生产经营活动没有直接关系的各种收入，如非流动资产处置收入、政府补贴等；营业外支出包括与企业日常活动无直接关系的各项损失，如非流动资产处置损失、公益性捐赠、罚款等；利润总额＝营业利润＋营业外收入－营业外支出；所得税费用根据行业的税费标准进行估算；净利润＝利润总额－所得税费用。

由于新创企业在起步阶段业务量不稳定，所以，对于新创企业初期营业收入、营业成本和各项费用的估算应按月进行，并按期预估企业的利润状况。一般来说在企业实现收支平衡之前，企业的利润表都应按月编制，达到收支平衡之后，可以按季、按半年或者按年度来编制。

3. 编制预计资产负债表

资产负债表是总括反映企业在某一特定日期全部资产、负债和所有者权益状况的报表。资产负债表是根据"资产－负债＝所有者权益"这一会计基本等式，依照流动资产和非流动资产、流动负债和非流动负债大类进行列示，并按照一定要求编制的，是一张静态的会计报表。预计资产负债表的格式如表 8-6 所示。

表 8-6　预计资产负债表

项　　目	1	2	3	4	5	……
一、流动资产						
货币资金						
应收款项						
存货						
其他流动资产						
流动资产合计						
二、非流动资产						
固定资产						
无形资产						
非流动资产合计						
资产合计						
三、流动负债						

续表

项　　目	1	2	3	4	5	……
短期借款						
应付款项						
应交税费						
其他应付款						
流动负债合计						
四、非流动负债						
长期借款						
其他非流动负债						
非流动负债合计						
负债合计						
五、所有者权益						
实收资本						
资本公积						
留存收益						
负债和所有者权益合计						
六、外部筹资额						

一般来说，预计资产负债表在企业实现收支平衡之前也应该按月编制，在实现收支平衡之后可以按季、按半年或按年编制。

案例分享　马云15年传奇融资路：从500万美元到243亿美元

2014年9月8日，阿里巴巴全球路演正式开启，纽约是路演第一站。在纽约的华尔道夫酒店，原本预计有大约500名投资者参加首站路演，最终参与人数竟然超过了800人，因此电梯间排起了长队，甚至一度需要排队半小时才能进入。而让人不得不服的是，受路演消息影响，阿里巴巴大股东雅虎当日收报41.81美元，创下2006年以来股价新高。这也从侧面证明了此次路演有多么成功。

一、艰辛融资路，马云坚持到了"后天"

1999年2月21日，马云和十八"罗汉"凑够50万元创办了阿里巴巴。并且这50万元，马云不允许任何人向他们的父母、朋友借钱。当时，马云希望网站能坚持10个月，期望10个月之后就能吸引到投资。这当然有些铤而走险。区区50万元对于需要巨大资金投入的互联网商业无疑是九牛一毛。尽管马云处处节省，但阿里巴巴维持到七八个月的时候，50万元已经花得一干二净了。这正是马云担心的，本来想大家凑的50万元，坚持10个月，但没过几个月，就一分钱没有了，这导致马云和十八"罗汉"饿着肚子过日子。而马云不能让员工不拿钱白干活，他只好四处借钱给员工发工资。

马云曾经说过这么一句话:"今天很残酷,明天更残酷,后天会很美好。"正当马云"钱紧"的时候,他的坚持使他看到了自己的"后天"。当时也是互联网风起云涌的时候,马云四处游说,在杭州马云家中办公的阿里巴巴工作人员会经常接到投资者打来的电话,每一个电话都是一次离成功更近的信号。但是在具体的谈判中,马云拒绝了至少38家投资商,马云拒绝他们的主要原因是这些投资者对马云本人和阿里巴巴的管理层持有怀疑态度。

终于在1999年8月,一次偶然的相遇带来了阿里巴巴的第一笔"天使基金":高盛公司开始关注阿里巴巴。高盛经过考察,看中了阿里巴巴,随后就给阿里巴巴开条件。由于资金问题,阿里巴巴对投资人的谈判余地可以想象多么有限,马云没有办法对高盛的投资提出的条件进行讨价还价。而高盛的要求非常苛刻,但马云还是决定接受高盛的投资。因为,一方面高盛是美国有名的投资公司,可能会对阿里巴巴未来开拓美国市场有些帮助;另一方面它的规模大,看事情比较长远。其实,马云的决定在当时是很令人不解的,因为马云是一边拒绝着送上门的投资,一边又在忍气吞声地答应着高盛苛刻的投资条件。事后看,马云看重的是高盛这个投资品牌。钱重要,未来的发展更为重要。马云不仅要解决钱的问题,更要借助高盛这样的"火车头"提升速度。

随后的发展证明了马云的决断是多么正确,1999年10月,正是由高盛公司牵头,美国、亚洲、欧洲多家一流的基金公司参与,阿里巴巴引入了第一笔高达500万美元的风险投资资金。此次投资不仅成为阿里巴巴首轮"天使基金",也成为轰动一时的特大新闻。同年,马云和他的阿里巴巴被雅虎最大的股东、有网络风向标之称的软银老总孙正义所注意。而两人谈判的结果就是敲定了8 200万美元的投资。此次谈判的结果在全球互联网经济领域引起了巨大的反响,因为这是风险投资向纯互联网公司最大单笔投资,也是孙正义在互联网泡沫破灭以后最大的投资。

二、香港上市?远远不够!

2007年11月6日,马云终于把阿里巴巴的B2B业务拆分并在香港上市。首日阿里巴巴宣布发行价为13.5港元,总融资额15亿美元。阿里巴巴股票香港公开发售部分共有56.62万人申请,分为A、B两组。其中A组有55.55万人,为申购金额500万港元以下的投资者;B组1.07万人,为申购金额500万港元以上的投资者。此次阿里巴巴上市共冻结资金4 475.18亿港元,超过了当年5月份刚刚上市的百丽国际的4 463.5亿港元,并成为香港有史以来冻资规模最大的IPO。从阿里巴巴上市那一刻起,马云及其团队,以及阿里巴巴近5 000名员工在阿里巴巴所拥有的财富也开始渐渐变得清晰。中国互联网有史以来最大的富人榜也由此诞生。

正当人们被马云和他的阿里巴巴所创造的成绩震惊得目瞪口呆时,马云并没有留给大家太多的时间去"缓冲"。2012年6月20日,阿里巴巴B2B公司正式从香港交易所摘牌退市。在香港的退市意味着后面阿里巴巴在寻找更大的舞台。

阿里巴巴于美国时间2014年9月5日向美国证券交易委员会(SEC)提交的文件显示,该公司的暂定发行价区间为每股(美国存托股,ADS)60至66美元,发行数量为3亿2 010万6 100股。阿里巴巴将发行1亿2 307万6 931股,IPO最高融资额将超过211亿美元,如果以暂定发行价区间的中值计算,阿里巴巴的市值将达到约1 560亿美元。这也引得国外各大媒体争相报道,美国《纽约时报》就表示,这一数字逼近亚马逊市值,且大于eBay、LinkedIn、Twitter的合计市值。英国路透社报道称,如果以暂定发行价区间的上限值计算,阿里巴巴的市值将达到约 1 630 亿美元。美国《华尔街日报》报道,如果在 IPO 中实施超额配股(over allotment,追加配股部分),最高融资额则有可能达到 243 亿美元,这将超过 2010 年中国农业银行上市时筹集的 220 亿美元,达到历史最大规模。

马云曾经戏称自己,"一个男人的才华与其容貌往往是成反比的。"这个貌不惊人的小个子用他的才华缔造出一个阿里帝国,也让世界记住了他。

(资料来源于网络,有改动)

知识拓展　如何估算创业需要多少资金

创业伊始,创业者需要一笔启动资金——但到底需要多少钱呢? 以下介绍了八个简便的方法,这些方法可以帮你完成创业资金估算。

你认为自己已经为创业做好准备了吗? 别那么着急,在付诸行动之前,你需要了解创业启动时需要花费多少资金。

你也许有一个大概的估算,但是要制作出可行的商业计划并顺利启动业务,这样的估算却不够详细。精确计算出所需的资金是成功的关键。低估了需求,创业者会在没盈利前就捉襟见肘;高估了成本,创业者又会无法凑齐数额较大的启动资金。

无论启动资本总额是 5 000 美元还是 50 万美元,创业者都需要计算出具体的数字。为此,所面临的挑战是找到可信可靠的信息。好消息是,创业者可以从许多渠道获取具体的数额和宝贵的建议。以下八条途径可以帮助创业者估算创业启动资金:

1. 同行。管理咨询集团(Management Analysis Group,西雅图一家低成本运作的咨询公司)的老板斯蒂芬·贝茨(Stephen Bates)介绍到:"经营和你类似业务的企业家,是计算创业初期运营成本的最佳信息来源。"你未来的竞争对手可能不想帮助你,但是当然只要不在同一区域,他们都是非常乐意帮忙的。

2. 供应商。供应商也是一个研究创业成本不错的信息来源。洛杉矶南加州大学格雷夫创业中心(Greif Entrepreneurship Center)的凯瑟琳·艾伦(Kathleen Allen)教授说:"创业者可以给直接供应商打电话,告诉他因为你打算创业,所以想了解某个行业的费用。他们通常都非常乐意帮忙,因为他们也想从你身上寻找生意机会。"然而艾伦也警告大家不要过分相信初次接触的供应商,她建议:"做些比较,你会发现创业成本会有很大的差异。"要向供应商询问设备租赁、大量购买的折扣额、信用条件、启动的库存量以及可能降低前期成本的其他选择。

3. 行业商会。艾伦说:"像同行和贸易商一样,商会也是一个非常好的信息来源,因为你可以直接跟特定的市场打交道。"根据不同的行业,商会可以提供启动费用明细和财务报表的样本、行业内相关的企业家和供应商名单、市场调研的数据和其他有用的信息。供应商的行业商会也是好的信息来源。

4. 退休企业高管。在美国,由小企业协会赞助的 SCORE(美国退休经理人服务公司)也是对创业非常有价值的资源。除了发表创业的相关文章,SCORE 还可以为创业者推荐非常有经验的退休企业家,指导你完成公司启动的整个过程。当然你也得自己进行实际操作,但是你的创业顾问将为你指明方向,并建议使用你自己可能忽视的资源。除了提供顾问指导服务,SCORE 还提供便捷的网络服务,为全美用户提供超过 12 400 位创业辅导员。弗莱德·托马斯是 SCORE 前任总裁,也是佛蒙特州 SCORE 赛特福德中心的一名辅导员,据他介绍:"无论你想要一位拥有销售、餐饮、特许经营,还是其他任何经验的辅导员,只要输入详细说明,就能得到拥有相应资格的辅导员名单。"

5. 创业指南。创业者可以从一些独立的出版社和商会获得创业启动指南。这些指南,尤其是信誉卓著的行业指南是研究创业启动资金的有利资源。要确保指南没有过时,也要记得不同地区的费用会相差很大。在阅读的过程中,注意那些能帮你降低启动成本的小提示。

6. 连锁加盟机构。如果你想购买特许经营权,特许经营权拥有者会给你启动费用的相关数据。然而,不要把这些数据当作绝对值,因为费用会因地区的不同而有所变化。贝茨建议,"要通过自己的努力来检验特许经营权拥有者的结论对不对"。创业者可以给现有的特许经营商打电话,问问他们实际的启动费用是否符合特许经营权拥有者的预测值。

7. 创业相关文章。报纸和杂志的文章很少会为一个特定地区的特定业务逐项列出创业所需的费用。然而,创业相关的文章可以让你大致估算所需的启动成本,并帮助你列出需要调查的费用清单。经常使用可靠的信息来源,不要忘记查阅相关的行业杂志,可以了解供应商信息、行业所需成本和最新行业动态。

8. 创业顾问。一个合格的创业顾问可以提供关于启动资金的相关建议,甚至为你做很多调查,也可以帮你将自己的调查变成有用的财务预测和具体方案。而聘用专家的缺点是需要费用。如果你决定要与顾问合作,要找熟悉你所处行业,并且有创业经验和实际运营经验的人。

单一的途径并不能帮助创业者了解具体创业成本的所有信息。但是通过不断努力研究估算启动资金,你能最终找到需要的具体数字。艾伦建议使用一个她称之为"三角测量"的步骤,也就是对于每项费用,从三个不同途径获取三个数字,然后"权衡三个数字,最后得出一个你认为正确的数字"。

科学细致的调研可以帮助创业者验证其创业想法是否实际可行,并且为创业者提供建议,从而提升创业成功的概率。创业者只有完成了创业启动成本估算,并且根据这个数字制作出相应的商业计划,这样才能说你为创业准备好了一切。

(资料来源于网络,有改动)

拓展活动　小夏的会计公司资金流分析

小夏是一名会计学专业的毕业生,毕业时想自己开办一家会计咨询公司。他通过与毕业后在外地创业的学长交流并进行简单的市场调查,觉得这个行业有很大的市场空间。他对必要支出进行了如下估算:

1. 在昆明的市中心写字楼租一间办公室,每月需要 3 000 元左右的租金。
2. 购置两台电脑,每台 5 000 元。
3. 一套财务软件,大约需要 3 000 元。
4. 两台打印机,一台针式打印机,用来打印输出的会计凭证和账簿,另一台打印一般的办公文件,两台打印机大概需要 5 000 元。
5. 一台税控机(用于帮助客户进行纳税申报),价格 3 000 元;购置 3 套办公桌椅,每套1 000元。

  6. 购置饮水机一台,需要500元;每月大约需要4桶水,每桶水15元。
  7. 事先需置办一些办公用品及办公耗材,需支出1 000元,大约可供一个月使用。
  8. 电话费、网费每月320元左右;水电费每月200元。
  9. 同类会计服务公司的广告费一般每月1 200~2 000元,小夏准备每月花费1 500元。
  10. 公司开业初期需雇用1名会计和1名外勤人员,两人的工资每月合计为6 500元,社会保险费合计每月1 000元。
  11. 开户、刻章直至办完整套开业手续,大约需要一个月的时间,需要的开业前的基本费用为1 000元。

  每家客户每月可以收取350元的服务费,为每个客户服务的基本支出大约为50元/月。另外,客户在60户以内时基本上不用增加会计和外勤人员。于是,小夏简单算了一下,他创办会计公司所需要的资金为39 080元。

  他的列表如表8-7所示。

表8-7　小夏的创业资金需求

项　目	数　量	金额/元	项　目	数　量	金额/元
房租	1	3 000	办公用品及耗材	1	1 000
电脑	2	10 000	电话费、网费	1	320
软件	1	3 000	水电费	1	200
打印机	2	5 000	广告费	1	1 500
税控机	1	3 000	工资	2	6 500
办公桌椅	3	3 000	社保	2	1 000
饮水机	1	500	开办费	1	1 000
桶装水	4	60	合计		39 080

  由于开办公司的资金需求不是太多,而每一户的利润也较为可观,加上小夏对自己的专业知识和开拓市场的能力非常自信,他觉得自己的公司一定会开办得很红火。但是,为了以防万一,担心有些项目考虑不周全,小夏在筹集资金时还准备了一些风险资金,共筹集了60 000元。可是,令小夏没想到的是,公司刚刚经营了几个月,资金就出现了断流,连支付房屋租金的钱都不够了。

  讨论:
  1. 你能帮小夏分析一下公司资金断流的原因吗?
  2. 请帮小夏计算一下开办这样的会计公司大概需要多少资金。

  评析:
  小夏只计算了公司开办所需要的投资资金的数额,而没有考虑营运资金的需求。应估算公司的营业收入,以及与此相关的利润情况,计算公司的收支平衡点,并据此估计其需要的营运资金数额。

  本例中,公司每个月需要固定支出的资金包括:房租3 000元、办公用品及耗材1 000元、饮用水60元、电话费网费320元、水电费200元、广告费1 500元、雇员工资及社保费7 500

元。由此,企业每月的基本支出为以上各项之和 13 580 元。每个月主要的资金流入是客户缴纳的服务费用,每个客户 300 元。因此,公司资金收支平衡点的业务量为:收支平衡点业务量=13 580/300 户=45.27 户。即客户量达到 46 户时才能实现资金的收支平衡。按每个月可以增加 6 家客户计算,则达到盈亏平衡点的时间为 8 个月,这就意味着小夏要在开业后的 8 个月内继续追加投资,由此,公司需要投入的营运资金的数额为 108 640 元(13 580×8 元),当然,每个月也会获得一部分提供会计服务的收入。

小夏在计算资金需求时支出项目考虑不够全面,如小夏自己的生活支出、业务开拓费、相关税费等。或者最起码,创业者每月基本的生活和劳保支出应计算在创业所需的资金之内。另外,创业初期的市场开拓支出也是必不可少的花费;还有按照行业不同确定的相关税费的支出等。

第九章 新企业的创办

第一节 企业组织形式的选择

目前在中国,企业的组织形式有个人独资企业、合伙制企业、有限责任公司、股份有限公司等几种。合适的组织形式对于企业今后的发展壮大以及管理都有着重要的影响,因此,创业者要根据企业现有的人力、财力资源,并结合这几种组织形式的特点,选择合适的企业组织形式。下面是企业所普遍采用的组织形式,其中创业企业所普遍采用的主要是独资企业和合伙制企业。

一、独资企业

独资企业起源最早,也是最普遍、最简单的企业组织形式,流行于小规模生产时期。独资企业在小型加工、零售商业、服务业领域较为活跃且十分普遍。在数量上,即使在以大公司为主的欧美国家,个人独资企业的数量也占了大多数,其对社会经济生活的影响力不容忽视。

(一)个人独资企业的法律规定

个人独资企业,也称个人业主制企业,是依照《中华人民共和国个人独资企业法》,在中国境内设立,由一个自然人投资,财产为投资人个人所有,投资人以其个人财产对企业债务承担无限责任的经营实体。个人独资企业的特点是:

(1)一个自然人投资设立,如果由一个法人或两个以上的自然人投资设立企业,则不能称为个人独资企业;

(2)企业财产为投资人个人所有;

(3)企业的投资人承担无限责任。

对独资企业的规定和它自己的一些特征使得它经营十分灵活,而且具有很强的独立性。

根据《中华人民共和国个人独资企业法》(1999年8月30日第九届全国人民代表大会常务委员会第十一次会议通过),个人独资企业设立的条件是:

(1)投资人为一个自然人;

(2)有合法的企业名称,不能使用"有限"、"有限责任"或"公司"字样;

(3)有投资人申报的出资;

(4)有固定的生产经营场所和必要的生产经营条件;

(5)有必要的从业人员。

(二)个人独资企业的优点

1. 企业的独立性强

独资企业的开设、转让与关闭等行为,一般仅需业主向政府工商管理部门登记即可,手续简单。在决定如何管理方面有很大自由,企业经营方式灵活多样,处理问题简便、迅速。同时,独资企业在经营管理上有着完全的自主权,不受他人的制约。个人独资企业的强独立性可以使得它对市场的变化做出迅速的反应。

2. 企业信息易于保密

在激烈的市场竞争中,有关企业销售数量、利润、生产工艺、财务状况等一切商业秘密,是企业获得竞争优势的基础。个人独资企业由业主负责,除非他自己促使商情外泄,否则个人独资企业除了所得税表格中需要填的项目以外,其他均可保密。易于保密的特性可以让企业保持其核心技术的垄断地位和竞争优势。

3. 税务负担轻

企业由个人出资,财产归个人所有,利润也全部归个人所得和支配,不需要和别人分摊。与法人企业不同,个人独资企业只需缴纳个人所得税,不需双重课税,减轻企业的财务负担。

4. 企业主能够得到个人意愿的满足

个人独资企业可以按照自己的方式来经营,将生活与工作融为一体。企业目标往往也是自己个人的目标,企业成败与个人荣辱集于一身。对许多人而言,他们在经营企业中获得的主要是个人满足,其次才是利润。

5. 独资企业成立或解散的程序简单

在美国,独资企业的成立只需缴纳低廉的市府档案费或填写州营业税缴纳申请表,无需其他任何手续。在我国,独资企业成立时,仅需到当地的工商行政管理机关登记,并缴纳少许费用,即可领取营业执照。独资企业在解散时,只需把债务偿清即可,由自己或委托他人充当清算人,免掉了经过重大议程等程序,既节约了时间也减少了成本费用。

(三)个人独资企业的缺点

1. 由个人负无限财产责任

企业主要对企业的全部债务负无限责任,即当企业的资产不足以清偿企业债务时,法律规定企业主不是以投资企业的财产为限,而是要用企业主个人的其他财产来清偿企业的债务。企业主的全部财产都与企业的经营风险相关,一旦经营失败,就有倾家荡产的可能。因此,风险较高的行业不宜采用这种企业组织形态。

2. 企业投资规模有限

个人独资企业在发展规模上,受到资金和管理的限制。一方面,个人资金有限、信用有限,企业的发展主要是依靠自身的积累,很难凭借自身的信誉从市场上筹集到较多的资金来扩大生产规模;另一方面,企业主一人承担经营管理的全部职能,个人能力有限,超出一定规模,企业经营就难以控制。

3. 企业寿命有限

企业完全依赖于企业主个人的素质,如果业主无意经营或因健康状况无力经营,企业的业务就要中断,甚至关闭。这时,企业一般很难由外部人员替换,企业主的继承人也不一定有足够的经营能力来维持企业的生存。企业的寿命有限,企业的雇员和债权人不得不承担较大的风险。

二、合伙制企业

(一)合伙制企业的法律规定

合伙制企业,也称合伙企业,是由两个以上合伙人订立合伙协议,共同出资、合伙经营、共享收益、共担风险,并对合伙企业债务承担无限连带责任的营利性组织。成立合伙企业,应当遵循自愿、平等、公平、诚实信用原则。合伙人可以用货币、实物、土地使用权、知识产权或者其他财务权利出资。经全体合伙人协商一致,合伙人也可以用劳务出资。各合伙人对执行合伙企业事务享有同等的权利。可以由全体合伙人共同执行合伙企业的事务,也可以由合伙协议约定或者全体合伙人决定,委托一名或者数名合伙人执行合伙企业事务。

设立合伙企业,应当具备下列条件:
(1)有两个以上合伙人,并且都是依法承担无限责任者;
(2)有书面合伙协议;
(3)有各合伙人实际缴付的出资;
(4)有合伙企业的名称;
(5)有经营场所和从事合伙经营的必要条件。

合伙关系的成立以口头或书面的契约为条件。合伙契约主要包括如下内容:合伙企业及合伙人名称,契约生效日期,经营事业的性质,营业的地点,每一合伙人投资的数额、投入资产的名称及其估价,合伙人的权利与义务,利益计算和分配日期,每一合伙人分配净利的方法,每一合伙人允许提取的限额及超额提取的处罚,合伙企业的存续期限,合伙人退伙的条件和程序,合伙人死亡时的处理方法,发生争议时的仲裁规定,企业解散时合伙人的权利与义务等相关条文。

执行合伙企业事务的合伙人,对外代表合伙企业;不参加执行事务的合伙人有权监督执行事务的合伙人,检查其执行合伙企业事务的情况。合伙企业对其债务,应先以其全部财产进行清偿,合伙企业财产不足以清偿到期债务的,各合伙人应当承担无限连带清偿责任。也就是说,以合伙企业财产清偿合伙企业债务时,其不足的部分,由各合伙人按规定的比例,用其在合伙企业出资以外的财产承担清偿责任。由于承担连带责任,当合伙人所清偿数额超过其应当承担的数额时,有权向其他合伙人追偿。合伙制企业数量不如个人独资企业和公司制企业多,一般在广告、商标、咨询、会计师事务所、法律事务所、股票经纪人、零售商店等行业较为常见。合伙制企业与个人信誉、个人责任密切相关,因此规模也较小。

合伙人分很多类型,有的经营企业,有的是企业的顾问,有的只是提供资金;有负无限责任的,也有负有限责任的,等等。具体可划分为以下类型。

(1)普通合伙人。对企业债务负无限责任,并从事企业的经营业务。每一个合伙企业至少必须有一名普通合伙人,在企业中起最积极的作用,有权代表企业对外签订合同,对企业全部债务负最后的责任。当普通合伙人不止一个的时候,由普通合伙人共同来承担责任,而不论其出资额的多少。

(2)有限合伙人。以其对企业投入资本的数额为限对企业债务承担有限责任,无须用自己其他财产抵偿债务。由于承担的风险小,在合伙企业中也不起重要作用。

(3)其他合伙人。一般是指不参加企业具体经营管理的合伙人、秘密合伙人、匿名合伙人、名义合伙人等。不参加具体管理的合伙人,没有经营权利,在企业决策上也不起多大作用;秘密合伙人,在企业经营管理中的地位很重要,但一般不为人所知;匿名合伙人,只出资而不出名,只参与利润分配而不介入经营管理;名义合伙人,只是在名义上挂名合伙,既不出资也不参与经营。

(二)合伙企业的优点

当企业需要扩大规模时,业主往往会吸收其他业主来创办合伙企业。与个人独资企业相比,合伙企业具有以下优点:

1. 有利于扩大资金来源和信用能力

合伙企业的每一个合伙人都有自己的专长和社会背景,能从多方面为企业提供资金,也容易向外筹措资金,如从银行获得贷款,从供货商那里赊购产品。

2. 有利于提高决策能力和经营管理水平

合伙企业的业主人数多,各有所长,大家可以集思广益,利用众人的才智和经验,更好地经营和管理企业,提高企业的市场竞争力。

3. 有利于保护小股东的利益

在进行企业的决策时,每个股东都有投票权,故小股东与大股东地位平等,小股东的利益也就有了充分的保障。

(三)合伙企业的缺点

1. 合伙人要承担无限连带责任

合伙企业是自然人企业,普通合伙人不仅要对企业债务负无限责任,使其家庭财产也具有经营风险,而且对其他合伙人还存在一种连带责任关系。因此,合伙关系要以相互之间的信任为基础。

2. 产权流动难度大

根据法律规定,合伙人不能自由转让自己所拥有的财产份额,产权转让必须经过全体合伙人的同意;同时,接受转让的人也要经过所有合伙人的同意,才能购买产权,成为新的合伙人。

3. 管理协调成本较高

原则上,全体普通合伙人都有权参与企业经营,都有决策权,因此重要事项要协商一致才能决策。如果产生意见分歧,互不信任,就会影响企业的有效经营。这对于有些需要迅速决策的企业来说,机会成本太高。

4. 企业规模仍受局限

与个人独资企业相比,合伙企业规模也许较大,但与公司制企业相比,仍有很大的局限性。如果企业规模过大,任何一个合伙人都无法了解其他合伙人的财产状况和可能承担的债务责任。企业产权难以流动,投资风险不好转移,因其筹资能力有限,就不能满足企业大规模扩张的要求。

三、有限责任公司

(一)有限责任公司的概念和特点

有限责任公司是经政府相关部门批准,由股东共同出资设立,股东以其出资额为限对公司承担责任,公司以其全部资产对公司的债务承担责任的法人组织。

公司股东作为出资人按投入公司的资本额享有所有者的资产收益、参与重大决策和选择管理者等权利。公司享有由股东投资形成的全部法人财产权,依法享有民事权利、承担民事责任。

有限责任公司这种企业组织形式一般适合于中小企业,其主要的法律特征是:

(1)有限责任公司的股东,仅以其出资额为限对公司承担责任。有限责任公司是以股东出资为基础建立起来的法人组织,股东只对公司负以其出资额为限的有限责任,对公司的债权人不负直接责任。

(2)有限责任公司的股东人数,有最高人数的限制。如《中华人民共和国公司法》(以下简称《公司法》)规定,有限责任公司由五十个以下股东出资设立。

(二)有限责任公司设立的条件

(1)股东符合法定人数。有限责任公司的股东应为50人以下。

(2)有符合公司章程规定的全体股东认缴的出资额。有限责任公司的注册资本为在公司登记机关登记的全体股东认缴的出资额。法律、行政法规以及国务院决定对有限责任公司注册资本实缴、注册资本最低限额另有规定的,从其规定。

(3)股东共同制定公司章程。有限责任公司,必须要有章程。公司章程,是经公司全体股东同意,依法签订的规定公司组织和活动的根本准则。它从总的方面规定了公司的组织原则、业务活动范围、方式以及公司的发展方向。有没有章程,是一个公司是否存在的重要标志之一。有限责任公司章程,必须经全体股东同意并签名盖章,报登记主管机关批准后,才能正式生效。

(4)有公司名称,建立符合有限责任公司要求的组织机构。公司的名称又称字号,是公司之间相互区别的标志。同时,公司要以自己的名义进行民事活动,从事经营生产,享受权利,承担义务,必须要有自己的名称,而且这种名称必须作为绝对必要的事项记载于公司章程。公司名称的确定并不是完全随意的。公司不得使用下列名称:①对国家、社会或者公共利益有损害的名称;②外国国家(地区)名称;③国际组织名称;④以外国文字或汉语拼音字母组成的名称;⑤以数字组成的名称。除全国性公司外,公司不得使用"中国""中华"等字样的名称,而且公司冠以每一级行政区域地名的,由该级工商行政管理局核准。依法设立的有限责任公司,必须在公司名称中标明"有限责任公司"字样。公司的名称一经登记,就产生法律效力,公司即取得名称权。这种权利是一种排他性的使用权,他人如果假借公司名称进行活动时,公司有权禁止,并要求其赔偿公司因此遭受的损失。有限责任公司要从事经营活动,也必须要有一定的组织机构,也就是对内管理公司事务、对外代表公司进行民事经营活动的常设机构或机关,但其组织机构应符合有限责任公司的要求。

(5) 有公司住所。公司住所是指其主要办事机构所在地。有些公司组织庞大，分布广泛，在全国各地以至国外都设有分支机构，而对整个公司统一管理、全权负责的核心机构即为该公司的主要办事机构，该机构所在地即为公司的住所。确定公司住所主要是为了实行国家有关机关对公司的行政管理，便于他人与公司的民事往来和民事诉讼等。公司的场所范围要比公司住所范围广一些，公司场所除住所外，还包括公司进行各种业务活动的各个固定地点和设施。公司的住所只有一个，而场所则可能有多处。我国的公司，以其主要办事机构所在地为其住所，这是公司章程的必备事项。

(三) 有限责任公司的优点

1. 投资人风险有限，资本相对集中

出资人只以其出资额为限承担公司的经营风险，出资额以外的财产不受赔偿的影响。公司可以吸收来自多个投资人的资本，促进资本的有效集中，在一个比较大的规模上从事生产经营活动。

2. 产权主体多元化，有助于形成有效的公司治理结构

产权主体多元化，各投资方就会要求按照投资比例享有权利、承担义务，就会重视公司章程的制定，要求建立有效的公司治理结构，促进公司决策的科学化与民主化。因此，有限责任公司一般要设立股东会、董事会和监事会，在决策、执行和监督环节上形成委托-代理和相互制衡的运行机制。

3. 公司经营稳定，有利于企业扩张和保持连续性

在有限责任公司，股东会选举和更换董事，由董事会聘任或解聘公司经理，公司财产所有权与经营权的分离，使公司的存续不受某些股东出让股份或亡故的影响，因此能够保证公司经营的稳定和企业的长远发展。

4. 设立程序简单，内部机构设置灵活

发起设立的程序比较简单，也不必发布公告、公开账目和资产负债表等；公司内部机构上，可设几名或一名董事；股东较少、规模较小的公司还可以不设监事会，甚至不设股东会；股东会的召集方法和决议方法也简便易行。

(四) 有限责任公司的缺点

1. 双重纳税

公司盈利首先要上缴公司所得税，当红利以股息的形式派给股东后，股东还要就投资收益部分或个人所得额上缴企业（投资）所得税或个人所得税。这种双重纳税的制度会加重企业的财务负担。

2. 企业规模有限

由于不能公开发行股票，筹集资金的范围和规模一般不会很大，难以适应大规模的生产经营需要。同时，由于股权不能充分流动，企业兼并、收购等资产运作方式也受到很大限制。

四、股份有限公司

(一) 股份有限公司的概念及其法律特征

股份有限公司，是指其全部资本分为等额股份，股东以其所持股份为限对公司承担责任，公司以其全部资产对公司的债务承担责任的企业法人。大型企业和较大的中型企业一般采取这种组织形式。其法律特征主要表现在下列几个方面：

(1)它是典型的合资公司。公司股东的身份、地位、信誉不再具有重要的意义，任何愿意出资的人都可以成为股东，不受资格限制。

(2)股东人数有法律上的限制。我国《公司法》规定，设立股份有限公司，应当有二人以上二百人以下为发起人，其中须有半数以上的发起人在中国境内有住所。

(3)资本总额均分为每股金额相等的股份。出资多的股东占有股票数量多，但不能增大每股的金额。股票数量的多少决定股东应享有的权益，作为普通股，应该是同股、同权、同利。

(4)股东以其认购的股份对公司承担有限责任。公司以其全部资产对公司债务承担责任，但股东只限于以其所认购的股份对公司负责。当公司解散或破产清算时，公司债权人只能向公司追偿，无权向任何股东直接提出还债要求。

(5)所有权与经营权相分离。随着股份有限公司股权的多元化和分散化，股东投资于企业，但并不一定参与企业的经营活动。事实上，由于股东投资份额不同，持有不同比例股份的股东也并非享有同样的股东权利。公司通常推举熟悉业务、有管理才干的人担任董事，组成董事会，由董事会聘任总经理(可以不是股东)，负责公司的日常经营管理工作。股东大会与董事会、董事会与公司经理之间形成相互制衡的委托-代理关系，通过规范公司治理结构实现股东财产所有权和企业经营管理权的有效分离。

(二)股份有限公司设立的条件

我国《公司法》对股份有限公司设立的条件做了明确的规定，主要包括以下几点：

(1)发起人符合法定人数。

(2)有符合公司章程规定的全体发起人认购的股本总额或者募集的实收股本总额。

(3)股份发行、筹办事项必须符合法律规定。股份有限公司的资本，每一股金额应当相等。股份有限公司的股份以公开的方法，依法定程序，实行公开、公平、公正的原则，向社会公开招募。

(4)必须由发起人制定公司章程，采用募集方式设立的经创立大会通过。

(5)必须有公司名称，建立符合股份有限公司要求的组织机构。

(6)有公司住所。

(7)依法登记。股份有限公司的企业法人登记，必须按照《公司法》和《中华人民共和国企业法人登记管理条例》的规定，申请取得政府授权部门的批准，在召开创立大会30天内，由董事会向工商行政管理部门递交登记申请书、有关主管部门的批准文件、公司章程等文件，申请办理登记手续。待批准后，公司即取得法人资格。

(三)股份有限公司的利弊分析

股份有限公司是最典型的现代企业组织形式，是现代企业组织形式的高级形态，产权关系明晰、权责界定明确，具有规范的公司治理结构和良好的运行机制，与其他组织形式相比较，有更大的优越性。

(1)股份有限公司是迅速聚集资本的最便利的形式。它可以向社会公众发行股票或债券，更广泛地吸收社会小额闲散资金。若无法律明文禁止事项，任何人都可以通过购买股票成为股东。这就使得股份有限公司更易于大规模地吸收社会闲置资本以筹集资金，使企业迅速发展壮大。

(2)股票易于转让,股份具有良好的流动性。一方面,股东只按投资份额承担有限的财产责任;另一方面,可以比较方便地转让股份,就有可能挂牌上市,成为国内或国外上市公司,通过资本运作,优化资源配置,提高企业经营价值,以此加速公司产权的流动与重组。

(3)股份有限公司所有的信息公开,有利于社会监督,提高企业的经营效率。股份有限公司,尤其是上市公司,必须坚持公开性原则,使公司全部经营活动置于社会监督之下。公司财产所有权与经营管理权分离,由各方面的专家担任公司的经营管理工作,能进一步提高企业的经营效率,更易于适应竞争激烈、多变的市场环境。

但是,与其他企业组织形式相比,股份有限公司的设立手续比较复杂,组建费用也较高,公司股东也要缴纳双重所得税。尤其是上市公司要公开披露企业经营业绩和公司财产状况,受到更多的法律、法规的制约和监督,在资本市场上也有被其他公司所接管的可能性。

(四)股份有限公司的基本要素

1. 股份

股份是股份有限公司赖以存在与运作的物质基础。它是指一个企业的资本总额按相等金额划分为若干单位,每一个单位即为一个股份或称为一股。股份是公司股本的计量单位,是股东权利和义务的来源,也是股东权利和义务的计量单位。公司股份具有法律上的平等性,每一股份所代表的股本总额一律平等,即如果是有面额股,其股份的每一股面额都是相等的;如果是无面额股,每一个股份所代表的股本总额在总股本中所占的比例也是相等的。同时,每一个股份所代表的股东权利和义务也是相等的,即同股、同权、同利。股份具有不可逆转性,即不可向发行者申请赎回,但可以上市转让,只要股份表现为有价证券,就可以保证其具有充分的流通性。根据股份所赋予股东权益范围大小的不同,股份一般可分为普通股与优先股。普通股,是每一个股份有限公司的基本股份,它享有股东的基本权利;优先股,是指持有这种股份在盈余分配与剩余财产分配上优先于普通股,但其表决权一般要受到限制或者被剥夺。持有优先股的股东一般不能参与公司的日常经营管理活动,并且股息固定,不随公司的经营状况的变化而变化,其收益具有稳定性。

2. 公司资本

股份有限公司的资本,又称股本,是指公司成立时根据公司章程确定的由股东出资构成的财产总额。或者说,是公司全体股东出资的总和。它是公司经营的物质条件,也是公司成立、生存和发展的物质基础。公司资本并不是股东的个人财产,而是独立于股东个人财产而存在的,是对客户的信用保证,是衡量公司实力的重要标准。因此,各国公司法为了维护公司债权人的经济利益,对公司资本制定了一些原则性的规定,如规定股份有限公司的资本总额不得低于法定金额,公司章程中应载明公司资本总额,公司的资本总额不得随意减少,若有变动,须经股东大会的特别决议通过等。

为了对公司资本有更清楚的了解,还要准确区别以下概念:

(1)注册资本,指登记成立时所填报的公司财产总额。注册资本应按公司资本总额如实填报,所以,注册资本与资本总额是一个概念。

(2)发行资本,指公司股份在分期发行后,已经发行的股份总额。在公司章程确定的股份总额未全部发行完毕之前,发行资本低于公司资本。

(3)实收资本,指公司发行股份实际已收到的财产总额。如果发行的股份被全部认足、缴足,那么实收资本即等于发行资本,否则,实收资本总是低于发行资本。

(4)实有资本,指公司实际拥有的财产总额。由于公司溢价发行股份或有经营性盈亏,公司财产总处于变动状态,它可能高于也可能低于公司资本。

3. 股东

股东是公司股本的出资者,也是公司股份的持有者,是股份有限公司的组成成员。股东与发起人、认股人有所不同。发起人是指在公司成立之前参与公司设立活动的人。由于发起人必须认购一定比例的股份,在公司成立后则当然成为股东。认股人指除发起人之外认购股份的人。在公司设立过程中的认股人,在公司成立后即成为股东。股东资格可以通过在公司成立时认购股份或在公司成立后发行新股时认购股份取得,即原始取得,也可以通过受让、馈赠、继承等方式取得。股东基于其持有的股份享有与承担公司权利与义务。股东权既不是物权,也不是债权,而是一种社员权。股东的权利与义务,不能与股份分离而单独转让。股东的权利主要有两种:自益权与共益权。自益权是因出资而自身享受利益的权利,包括盈余分配请示权、剩余财产分配请求权、新股认购权、股份转让权等;共益权是指股东直接以公司公共利益为目的(间接也为自身利益)而行使的权利,包括表决权、查阅账册权、召集临时股东大会请示权等。股东的义务就是按照认购公司股份的份额向公司缴纳股金,如果不按规定缴纳,将失去股东的资格。

综上所述,可以看出不同的企业法律形态有着不同的要求,包括注册企业的资金额、开办企业手续的难易程度、风险责任的大小、企业决策的过程、企业的资本结构等方面都有着显著的不同。因此,创业者应该根据自己的经济实力和现实条件选择合适的企业组织形式。

第二节 企业选址

企业需要有经营场所,企业选址与未来经营发展有很大关系。对于创业者来说,尤其是以门店为主的商业或服务型企业,店面的选择往往是创业成败的关键。好的选址等于创业成功了一半。

一、企业选址的主要影响因素

经营地点的选择是创业者在创业初期面临的一大难题,影响选址的因素也很多,其中值得注意的因素主要有市场因素、商圈因素、政策因素、价格因素、交通因素等。

1. 市场因素

可从顾客和竞争对手两个角度考虑。从顾客角度看,要考虑经营地点是否接近顾客,周围的顾客是否有足够的购买力。对于零售业和服务业,店铺的客流量和客流的购买力决定着企业的业务量。从竞争对手角度看,经营地点的选择有两种不同的思路:一种是选择同行聚集的地方,同行扎堆有利于聚集和提升人气,比如当下的服饰一条街、建材市场、家电市场、小商品市场等;另一种思路则是"别人淘金我卖水",别人都蜂拥到某地去淘金,成功者固然腰缠万贯,失败者也要维持生存。如果到他们中间去卖水,肯定稳赚不赔。

2. 商圈因素

选址时需要对特定商圈进行分析，如：车站附近是往来旅客集中的地区，适合经营餐饮、食品、生活用品；商业区是居民购物、聊天、休闲的理想场所，除了适宜开设大型综合商场外，特色鲜明的专卖店也很有市场；影剧院、公园名胜附近，适合经营餐饮、食品、娱乐、生活用品等；在居民区，凡能给家庭生活提供独特服务的生意，都能获得较好发展；在市郊地段，不妨考虑向驾车者提供生活、休息、娱乐和维修车辆等服务。

3. 政策因素

政策因素指的是经营业务最好能得到当地社区和政府的支持，至少不能与当地的政策相违背。对于创业者来说，尤其要做好实地考察，详细了解当地政府的政策情况。

4. 价格因素

创业者在购买商铺或租赁商铺时，要充分考虑价格因素，包括资金、业务性质、创业成功或失败后的安排、市场的供求情况、利率趋势等，以免做出错误决定，对企业的经营造成不良影响。

5. 交通因素

便利的交通不仅对生产型、制造型企业很重要，对于服务型、零售型、批发型企业也至关重要。

二、企业选址的基本步骤

1. 挑地方

确定人潮及流量。首先，必须清楚人们要往哪里去，而不只是在哪里，如早餐店要在上班族会走过的地方开。可以花点时间，在目标地区计算上午、下午、晚上各时段的人流量，统计进入附近店铺的人数，看看经过的人当中，上班族、学生、家庭主妇的比例大小，而且至少要在工作日和周末各算一次，以确切了解人潮的分布状况。除了人们往哪里去，还要考虑人们得花多久才会到达你的店面。越便宜的产品，顾客越不愿意花时间；只有当购买高单价商品时，顾客才会忍受较长的交通时间。

2. 找地点

调查周围环境。有了预选的地点，第二步就要考察其周围环境。这时要从两种角度来观察。一是商人的角度：什么迹象显示该地点可以创造业绩？二是从顾客的角度：你会不会到该地点逛街？黄金地段也有冷门的角落，次级商圈也有热门的据点，找地点最忌讳只看到别人成功，就想在隔壁复制一家店，除非你有把握实施差异化发展策略。此外，要留意坐落在对角或不远处的竞争对手是否会抢走你的生意；你是否能在顾客行动路线上，抢先一步拦截顾客。要随时注意对手的位置，寻找足以抗衡的地点。

3. 看店面

建筑等于活广告。看店面，要先远看，再近看，想象你的店面在这个空间里的感觉，一旦店名放在招牌上，会很显眼吗？开车经过的人看得到吗？行人能从人行道上就注意到吗？好的店面就像活广告，不只是让人方便地找到你，也能向路上经过此地的潜在客户展示自己。此外，建筑设计也是一个重点，这个地点适合你经营的行业吗？吸引人吗？即使在外观设计上相似的购物街，质量方面也可能相差悬殊。大楼的质量是否跟你的产品一样好？记住，一定要从品牌打造的角度来思考建筑物。

4. 选邻居

好邻居让你少奋斗。顾客会认为,彼此相邻的店面,其商品质量也相当,所以与类似品牌坐落在同一地点十分重要。在大百货公司旁开服饰店,在高级超市旁开饮食店,被大品牌所吸引的顾客,也会被你所吸引。另外,如果能碰到一些像水果店或干洗店之类的优质邻居更好,因为这些店面都有着"多次到访"的机会,人们把衣服送去洗,隔几天必定会再回来拿;超市、健身房等也是这种可以利用的"人潮回力镖"。若能沾到它们的光,那对经营绝对是大大加分。

第三节 企业注册流程及法律伦理问题

一、企业注册流程

按照现行法律法规,创业者注册新公司需遵循一定的流程,并需要到相应的政府部门登记审批。企业注册流程一般包括公司核名、经营项目审批、公司公章备案、验资、申领营业执照/组织代码证/税务登记证、银行开户、购买发票等。

1. 公司核名

注册公司第一步就是公司名称审核,即查名。创业者需要通过工商行政管理部门进行公司名称注册申请,由工商行政管理部门进行审定后给予注册核准,并发放盖有工商行政管理部门名称登记专用章的"企业名称预先核准通知书"。

此过程中申办人需提供法人代表和股东的身份证复印件,并提供2～10个公司名称,写明经营范围、出资比例。

2. 经营项目审批

如新创企业的经营范围中涉及特种行业许可经营项目,则需报送相关部门审核批准。特种许可项目涉及旅馆、印铸刻字、旧货、典当、拍卖、信托寄卖等行业,需要消防、治安、环保、科委等行政部门审批。特种行业许可证的办理,根据行业情况及相应部门规定的不同,分为前置审批和后置审批。

3. 公司公章备案

企业办理工商注册登记过程中,需要使用印章,该印章由公安部门刻出。公司用章包括公章、财务章、法人章、全体股东章、公司名称章等。

4. 验资

按照《公司法》规定,投资者需按照各自的出资比例,提供相关注册资金的证明,通过审计部门进行审计并出具"验资报告"。

5. 申领营业执照

相关材料包括:公司章程、企业名称预先核准通知书、法人代表和全体股东的身份证、公司住所证明(房产证或租赁合同)复印件、前置审批文件或证件、生产型企业的环境评估报告等。

根据国务院办公厅《关于加快推进"五证合一、一照一码"登记制度改革的通知》(国办发

〔2016〕53号)精神,从2016年10月1日起正式实施"五证合一、一照一码",在更大范围、更深层次实现信息共享和业务协同,巩固和扩大"三证合一"登记制度改革成果,进一步为企业开办和成长提供便利化服务,降低创业准入的制度性成本,优化营商环境,激发企业活力,推进大众创业、万众创新,促进就业增加和经济社会持续健康发展。

原来分别由不同部门核发的营业执照、组织机构代码证、税务登记证、社会保险登记证和统计登记证,现统一由工商行政管理部门核发加载法人和其他组织统一社会信用代码的营业执照。

6. 银行开户

新创办企业需设立基本账户,企业可根据自己的具体情况选择开户银行。银行开户应提供的材料包括:营业执照正本、公司公章/法人章/财务专用章、法人代表身份证等。

二、创办企业必须考虑的法律问题

1. 专利与专利法

专利被用来记述一项发明,并且创造一种法律状况,在这种情况下,专利发明通常只有经过专利权所有人的许可才可以被利用。专利制度主要是为了解决发明创造的权利归属与发明创造的利用问题。专利法可以有效地保护专利拥有者的合法权益。创业者对其个人或企业的发明创造应及时申请专利,以寻求法律保护,使自己的利益不受侵犯;或者在受到侵犯时,有法律依据,提出诉讼,要求侵害方予以赔偿。

我国于1984年3月12日颁布了《中华人民共和国专利法》,并于2020年10月17日进行了第四次修正。2001年6月15日国务院颁布《中华人民共和国专利法实施细则》,自2001年7月1日起施行。

2. 商标与商标法

商标,是指在商品或者服务项目上所使用的,由文字、图形、字母、数字、三维标志和颜色组合和声音等,以及上述要素的组合构成的显著标志。它用以识别不同经营者所生产、制造、加工、销售的商品或者提供的服务。商标是企业的一种无形资产,具有很高的价值。这种价值体现在独特性和所产生的经济利益上。保护和提高商标的价值,可以为企业带来巨大的收益。商标包括注册商标和未注册商标,目前我国只对人用药品和烟草制品实行强制注册,通常所讲商标均指注册商标。注册商标包括商品商标、服务商标和集体商标、证明商标。注册商标的有效期为十年,可以申请续展,每次续展注册的有效期也为十年。

我国于1982年8月23日颁布了《中华人民共和国商标法》,并于2019年4月23日进行了第四次修正。

3. 著作权与著作权法

著作权也称版权,是指作者对其创作的文学、艺术和科学作品依法享有的权利。著作权包括发表权、署名权、修改权、保护作品完整权、复制权、发行权、出租权、展览权、表演权、放映权、广播权、信息网络传播权、摄制权、改编权、翻译权、汇编权以及应当由著作权人享有的其他权利等17项权利。对著作权的保护是对作者原始工作的保护。著作权的保护期限为作者有生之年加上去世后50年。我国实行作品自动保护原则和自愿登记原则,即作品一旦产生,作者便享有版权,登记与否都受法律保护;自愿登记后可以起证据作用。国家版权局认定中国版权保护中心为软件登记机构,其他作品的登记机构为所在省级版权局。

我国于1990年9月7日颁布了《中华人民共和国著作权法》(以下简称《著作权法》),并于2020年11月11日进行了第三次修正。计算机软件属于版权保护的作品范畴。我国根据《著作权法》,制定了《计算机软件保护条例》,并于1991年6月4日发布。在该条例中,计算机软件是指计算机程序及其有关文档。

除了与知识产权相关的法律法规外,还有反不正当竞争法、合同法、产品质量法、劳动法等法律法规也是创业者及其新创企业所应当了解和关注的。

三、创办企业应注意的伦理问题

创业伦理是创业者在市场开拓、资本积累、互惠互利、协同合作、个人品德、后天修养等方面的一些行为准则。创业者组建一个新企业后,势必要进入市场竞争的圈子,相应地也要遵守这一圈子所共同维护的行为规范。当一名创业者成长为一位企业家时,他会越来越重视自己在社会中的形象,并开始重视自身的伦理和自己企业的伦理建设。

1. 创业者与原雇主之间的伦理问题

不少新企业是人们辞职后创建的,在辞职进行创业时,必须遵循以下两个重要原则。

一是职业化行事。首先,雇员恰当地表露离职意图十分重要,同时,在离职当天,雇员应处理完先前分配的所有工作,而且雇员不应该在最后几天的工作中忙于安排创办企业事宜,这些并非职业化的行事风格,也是对当前雇主的时间与资源的不恰当使用。如果雇员打算离职后在同一产业内创业,务必注意不能带走属于当前雇主的资料信息。且只有当雇佣关系终止后,雇员才能说服其他同事到新企业工作,或真正开创一家与雇主竞争的企业。

二是尊重所有雇佣协议。对准备创业的雇员来说,充分知晓并尊重自己曾签署的雇佣协议至关重要。在一般情况下,雇员在职期间甚至离开公司之后,都必须严格遵守保密协议。如果签署了非竞争协议,要合理地离开公司,雇员就必须遵守相关协议。

2. 创业团队成员之间的伦理问题

创建者之间就新企业的利益分配以及对新企业未来的信心达成一致非常重要。创建者协议(或称股东协议)是处理企业创建者间相对的权益分割、创建者个人如何因投入企业股权或现金而获得补偿、创建者必须持有企业股份多长时间才能被完全授予等事务的书面文件。

通常,创建者协议的重要议题涉及某位创建者逝世或决定退出带来的权益处理问题。大多数创建者协议都包含一个回购条款,该条款规定,在其余创建人对企业感兴趣的前提下,打算退出的创建人有责任将自己的股份出售给那些感兴趣的创建人。在大多数情况下,协议还明确规定了股份转让价值的计算方法。回购条款的存在至关重要,这是因为:第一,如果某位创建者离开,其余创建者需要用他或她的股份来寻求接替者;第二,如果某位创建者因为不满而退出,回购条款就给其余创建者提供了一种机制,它能保证新企业股份掌握在那些对新企业前途充分执着的人手中。

3. 创业者和其他利益相关者之间的伦理问题

创业者和其他利益相关者之间的伦理问题涉及:

人事伦理问题:这些问题与公正公平对待现有员工和未来员工有关。不符合伦理的行为范围非常广泛,从招聘面试中询问不恰当问题到不公平对待员工的方方面面。

利益冲突:这些问题与那些挑战雇员忠诚的情景相关。例如,如果公司员工出于私人关系以非正当商业理由将合同交给其朋友或家庭成员,这就是不恰当的行为。

顾客欺诈:这个领域的问题通常出现在公司忽视尊重顾客或公众安全的时候,如做误导性广告、销售明知不安全的产品等。

第四节　新创企业的发展

这里,对新创企业成长阶段的研究侧重于从企业筹备到成熟之前的阶段,而不是企业的整个生命周期。

新创企业的成长阶段是指从筹备到成熟之前的各个时期,可以分为种子期、起步期和成长期。各阶段不仅具有不同的特征,而且所承担的任务和可能存在的风险也各不相同。

一、第一阶段——种子期

种子期也就是新创企业的萌芽期,是创业者为成立企业做准备的阶段。这一阶段的主要特征有:企业的事业内容是作为"种子"的创意或意向,尚未形成商业计划;产品(服务)、营销模式都没有确定下来;创业资金也没有落实;创业者之间虽然已经形成合作意向,但是并没有形成创业团队。

由于此时企业尚处于"构想"之中,创业者需要投入相当精力从事以下工作:验证其创意的商业可行性并评估风险;确定产品(服务)的市场定位;确定企业组织管理模式并组建管理团队;筹集资本以及准备企业注册设立事宜等。

新创企业在种子期的风险主要有两种,即决策风险和机会风险,表现在对项目的选择上。决策风险也就是因为错误地选择项目导致创业的失败。由于新创企业在人力、物力和财力方面的资源匮乏,获取市场信息的渠道有限,一旦选择项目失败,就意味着创业努力付诸东流。而机会风险是指做出一种选择而丧失其他选择的机会。创业者一旦选择创业,就会失去其他的机会,如放弃原有的工作、失去在其他方面的发展机会等。由于种子期企业尚未成立,这一阶段在经济方面的风险相对较小。

二、第二阶段——起步期

新创企业成长的第二阶段为起步期,以完成注册登记为开始标志。在这一时期,企业已经确定业务内容,并按照创业计划向市场提供产品和服务,但是业务量较小,市场对产品和企业的认知程度较低。该时期创业活动的特征为:企业已经注册成立;产品(服务)已经开发出来,处于试销阶段;商业计划已经完成,并开始进行融资;人员逐渐增多,创业团队的分工日益明确等。

与上述特点相对应,新创企业在起步期的创业活动主要围绕着以下方面进行:根据试销情况进一步完善产品(服务),确立市场营销管理模式;形成管理体系,扩充管理团队;撰写商业计划书,筹集起步资本等。

新创企业在起步期的风险与种子期相比会明显增加,甚至会危及企业的健康发展。这一时期的风险主要有：市场风险——因为需求量、价格等方面的原因导致企业的产品和服务得不到消费者的认可；管理风险——由于管理方面的原因导致效率低下、成本上升，从而使企业的产品和服务失去竞争力；财务风险——由于尚未形成规模，加上在产品的研制与开发、市场调研、广告、公共关系等方面投入较大，很难形成正现金流，如果不能进行有效的会计控制，势必会使企业的经营活动陷入困境。

三、第三阶段——成长期

新创企业的成长期是指从完成起步到走向成熟的时期。成长期的特征主要表现在以下几个方面：产品进入市场并得到认可，生产和销售均呈现上升势头，产量提高导致生产成本下降，而市场对产品或服务的认可又能够促进销售，从而形成良性循环；管理逐渐系统化，随着企业规模的扩大和人员的增加，各个部门之间的分工越来越明确；企业的研究开发和技术创新能力不断增强，部分企业开始实施多元化战略；企业的产品和服务形成系列，并逐渐形成品牌；企业的声誉和品牌价值得到提升等。

该时期的创业活动主要涉及以下几项内容：根据市场开发情况，尽快确定相对成熟的市场营销模式；适应不断扩张的市场规模和生产规模的需要，进一步完善企业管理，并考虑企业系列产品的开发或进行新产品开发；根据企业的实际情况，及时调整企业的经营战略；募集营运资本等。

成长期的风险涉及很多方面，主要有冒进风险、技术风险、管理风险。冒进风险是指企业进入快速成长期之后，因为急于求成而盲目地扩大生产规模，导致资源分散，引起财务状况的恶化；技术风险则意味着由于技术的普及和竞争对手的模仿，使得新创企业原有的技术优势逐渐丧失；而该时期的管理风险是指企业规模扩大后容易出现一些问题，如组织机构臃肿、人工成本上升、沟通渠道不畅、创新精神衰退等，这也就是通常说的"大企业病"。如果不能克服这些弊端，企业就会走向衰退乃至灭亡。

新创企业从完成起步到成熟也不是一蹴而就的，而是一个逐步发展的过程。一般来说，当企业经过起步阶段之后，随着产品市场占有率的上升，会有一个快速成长的过程；但是快速成长并不会一直持续下去，当正现金流出现的时候企业会进入稳步增长时期；当企业成长开始稳定之后，产品在市场上的影响逐步扩大，产品品牌优势形成，企业就开始走向成熟阶段。

新创企业在市场上的地位相对稳定后，可能会因为市场需求的变化或者竞争对手的超越，逐渐丧失在原有的技术、服务、管理等方面的优势，难有更大的市场突破。于是，寻求新的发展空间就成为发展的必由之路。

新创企业的扩张既包括开拓新的市场（包括地区市场、国内市场和国际市场），也包括业务的多元化；既包括企业规模的扩大，也包括管理水平的提升。新创企业扩张的方式也是多种多样的，既可以通过企业内创业来实现，也可以通过并购获得技术和资源、突破市场的壁垒。

企业之间的竞争可以分为许多层次，如价格、产品、技术、品牌、知识以及企业文化等。可以说，企业走向成熟的标志是能够形成一定的品牌，在品牌、知识和企业文化等方面形成竞争优势，而不是单纯依靠价格、产品和技术来赢得市场。

案例分享　星巴克选址策略分析

星巴克是全球著名咖啡连锁店企业,在世界各地约有20 000家门店,其开店扩张能力之强,绝不亚于老牌的连锁企业麦当劳等,其特有的选址策略为企业迅速扩张占领市场提供了强有力的支持。

星巴克选址策略的六个关键点如下:

1. 注重有效客流,找到聚客点

只有人流达到一定数量,才有可能被选中。星巴克在选定商圈后,会测算有效客流,确定主要流动线,选择聚客点,把离聚客点相隔不远的位置作为门店选址的地方。因为在客流的主要流动线上,意味着单位时间里经过的客流量最大;处于聚客点的位置,说明人群会在这里聚集、驻足、停留。

2. 明确目标客户,以受过高等教育的中高收入人群为目标对象

星巴克在中国的消费对象定位是追求品位、时尚的中高收入人群,综合群体年龄段在16岁到45岁。只有一个区域的消费群体的消费实力和生活品位符合星巴克的定位,星巴克才会根据选址的具体要求进行进一步考察。

3. 重视可视性,橱窗就是最好的招牌

消费者走在大街上是否一眼就能看到星巴克门店,看到店招和橱窗,这对门店招徕客人和营收增长点非常重要。

虽然星巴克目前的品牌知名度较高,但咖啡行业竞争非常激烈,要保持这样的优势,品牌的展示度非常重要,良好的可视性则是品牌的有力展示。

星巴克的可视性体现在以下方面:

(1) 门店位置优势。

(2) 店招明确导向。

(3) 利用橱窗、场景的吸引力:橱窗内的人是窗外人眼中的风景;橱窗外行走的人是窗内人眼中的风景。

4. 注重交通便利性,有流量才有更多的销售机会

交通便利和店址的可达性,是消费者选择的重要条件。停车位有多少,商圈辐射多大面积,这些都是星巴克认真考虑的问题,考虑这些问题的目的是增加客人进店率。

5. 集中式开店,降低配送成本

星巴克初创时,曾经在同一条街上、面对面开了两家门店,这是一般连锁企业的禁忌。开一家店可能销售额很高,但是不能保证挣钱!很多产品的物流成本很高,特别是星巴克糕点,要求在零下18摄氏度的条件下无缝对接。

单店的销售额虽然高,但是经营成本也很高,所以星巴克在某地开设第一家店,会在今后连续开店,通过增加门店数量降低物流成本,所以不要指望"独享"星巴克。倒过来,城市是否有连续开店的可能,也是星巴克区域选择的重要依据。

从竞争角度思考,在优质消费力集中区域开店,可独享市场,排斥竞争对手。

6.开店的成熟环境很重要,能给星巴克带来长期稳定的收益

星巴克认为开店需要成熟稳定的商业环境,成熟稳定的商业环境可以使门店产生稳定收益,以保证企业收益的增长和稳定性。选择经济发展成熟、商业环境稳定的门店在星巴克变得格外重要。

(资料来源于网络,有改动)

 拓展活动

请结合商业计划书模拟创办一家企业。

附录

附录 A

国务院办公厅关于深化高等学校创新创业教育改革的实施意见

国办发〔2015〕36号

各省、自治区、直辖市人民政府，国务院各部委、各直属机构：

深化高等学校创新创业教育改革，是国家实施创新驱动发展战略、促进经济提质增效升级的迫切需要，是推进高等教育综合改革、促进高校毕业生更高质量创业就业的重要举措。党的十八大对创新创业人才培养作出重要部署，国务院对加强创新创业教育提出明确要求。近年来，高校创新创业教育不断加强，取得了积极进展，对提高高等教育质量、促进学生全面发展、推动毕业生创业就业、服务国家现代化建设发挥了重要作用。但也存在一些不容忽视的突出问题，主要是一些地方和高校重视不够，创新创业教育理念滞后，与专业教育结合不紧，与实践脱节；教师开展创新创业教育的意识和能力欠缺，教学方式方法单一，针对性实效性不强；实践平台短缺，指导帮扶不到位，创新创业教育体系亟待健全。为了进一步推动大众创业、万众创新，经国务院同意，现就深化高校创新创业教育改革提出如下实施意见。

一、总体要求

（一）指导思想。

全面贯彻党的教育方针，落实立德树人根本任务，坚持创新引领创业、创业带动就业，主动适应经济发展新常态，以推进素质教育为主题，以提高人才培养质量为核心，以创新人才培养机制为重点，以完善条件和政策保障为支撑，促进高等教育与科技、经济、社会紧密结合，加快培养规模宏大、富有创新精神、勇于投身实践的创新创业人才队伍，不断提高高等教育对稳增长促改革调结构惠民生的贡献度，为建设创新型国家、实现"两个一百年"奋斗目标和中华民族伟大复兴的中国梦提供强大的人才智力支撑。

（二）基本原则。

坚持育人为本，提高培养质量。把深化高校创新创业教育改革作为推进高等教育综合改革的突破口，树立先进的创新创业教育理念，面向全体、分类施教、结合专业、强化实践，促进学生全面发展，提升人力资本素质，努力造就大众创业、万众创新的生力军。

坚持问题导向，补齐培养短板。把解决高校创新创业教育存在的突出问题作为深化高校创新创业教育改革的着力点，融入人才培养体系，丰富课程、创新教法、强化师资、改进帮扶，推进教学、科研、实践紧密结合，突破人才培养薄弱环节，增强学生的创新精神、创业意识和创新创业能力。

坚持协同推进，汇聚培养合力。把完善高校创新创业教育体制机制作为深化高校创新创业教育改革的支撑点，集聚创新创业教育要素与资源，统一领导、齐抓共管、开放合作、全员参与，形成全社会关心支持创新创业教育和学生创新创业的良好生态环境。

（三）总体目标。

2015年起全面深化高校创新创业教育改革。2017年取得重要进展，形成科学先进、广泛认同、具有中国特色的创新创业教育理念，形成一批可复制可推广的制度成果，普及创新创业教育，实现新一轮大学生创业引领计划预期目标。到2020年建立健全课堂教学、自主学习、结合实践、指导帮扶、文化引领融为一体的高校创新创业教育体系，人才培养质量显著提升，学生的创新精神、创业意识和创新创业能力明显增强，投身创业实践的学生显著增加。

二、主要任务和措施

（一）完善人才培养质量标准。

制订实施本科专业类教学质量国家标准，修订实施高职高专专业教学标准和博士、硕士学位基本要求，明确本科、高职高专、研究生创新创业教育目标要求，使创新精神、创业意识和创新创业能力成为评价人才培养质量的重要指标。相关部门、科研院所、行业企业要制修订专业人才评价标准，细化创新创业素质能力要求。不同层次、类型、区域高校要结合办学定位、服务面向和创新创业教育目标要求，制订专业教学质量标准，修订人才培养方案。

（二）创新人才培养机制。

实施高校毕业生就业和重点产业人才供需年度报告制度，完善学科专业预警、退出管理办法，探索建立需求导向的学科专业结构和创业就业导向的人才培养类型结构调整新机制，促进人才培养与经济社会发展、创业就业需求紧密对接。深入实施系列"卓越计划"、科教结合协同育人行动计划等，多形式举办创新创业教育实验班，探索建立校校、校企、校地、校所以及国际合作的协同育人新机制，积极吸引社会资源和国外优质教育资源投入创新创业人才培养。高校要打通一级学科或专业类下相近学科专业的基础课程，开设跨学科专业的交叉课程，探索建立跨院系、跨学科、跨专业交叉培养创新创业人才的新机制，促进人才培养由学科专业单一型向多学科融合型转变。

（三）健全创新创业教育课程体系。

各高校要根据人才培养定位和创新创业教育目标要求，促进专业教育与创新创业教育有机融合，调整专业课程设置，挖掘和充实各类专业课程的创新创业教育资源，在传授专业知识过程中加强创新创业教育。面向全体学生开发开设研究方法、学科前沿、创业基础、就业创业指导等方面的必修课和选修课，纳入学分管理，建设依次递进、有机衔接、科学合理的创新创业教育专门课程群。各地区、各高校要加快创新创业教育优质课程信息化建设，推出一批资源共享的慕课、视频公开课等在线开放课程。建立在线开放课程学习认证和学分认定制度。组织学科带头人、行业企业优秀人才，联合编写具有科学性、先进性、适用性的创新创业教育重点教材。

（四）改革教学方法和考核方式。

各高校要广泛开展启发式、讨论式、参与式教学，扩大小班化教学覆盖面，推动教师把国际前沿学术发展、最新研究成果和实践经验融入课堂教学,注重培养学生的批判性和创造性思维,激发创新创业灵感。运用大数据技术,掌握不同学生学习需求和规律,为学生自主学习提供更加丰富多样的教育资源。改革考试考核内容和方式,注重考查学生运用知识分析、解决问题的能力,探索非标准答案考试,破除"高分低能"积弊。

(五)强化创新创业实践。

各高校要加强专业实验室、虚拟仿真实验室、创业实验室和训练中心建设,促进实验教学平台共享。各地区、各高校科技创新资源原则上向全体在校学生开放,开放情况纳入各类研究基地、重点实验室、科技园评估标准。鼓励各地区、各高校充分利用各种资源建设大学科技园、大学生创业园、创业孵化基地和小微企业创业基地,作为创业教育实践平台,建好一批大学生校外实践教育基地、创业示范基地、科技创业实习基地和职业院校实训基地。完善国家、地方、高校三级创新创业实训教学体系,深入实施大学生创新创业训练计划,扩大覆盖面,促进项目落地转化。举办全国大学生创新创业大赛,办好全国职业院校技能大赛,支持举办各类科技创新、创意设计、创业计划等专题竞赛。支持高校学生成立创新创业协会、创业俱乐部等社团,举办创新创业讲座论坛,开展创新创业实践。

(六)改革教学和学籍管理制度。

各高校要设置合理的创新创业学分,建立创新创业学分积累与转换制度,探索将学生开展创新实验、发表论文、获得专利和自主创业等情况折算为学分,将学生参与课题研究、项目实验等活动认定为课堂学习。为有意愿有潜质的学生制定创新创业能力培养计划,建立创新创业档案和成绩单,客观记录并量化评价学生开展创新创业活动情况。优先支持参与创新创业的学生转入相关专业学习。实施弹性学制,放宽学生修业年限,允许调整学业进程、保留学籍休学创新创业。设立创新创业奖学金,并在现有相关评优评先项目中拿出一定比例用于表彰优秀创新创业的学生。

(七)加强教师创新创业教育教学能力建设。

各地区、各高校要明确全体教师创新创业教育责任,完善专业技术职务评聘和绩效考核标准,加强创新创业教育的考核评价。配齐配强创新创业教育与创业就业指导专职教师队伍,并建立定期考核、淘汰制度。聘请知名科学家、创业成功者、企业家、风险投资人等各行各业优秀人才,担任专业课、创新创业课授课或指导教师,并制定兼职教师管理规范,形成全国万名优秀创新创业导师人才库。将提高高校教师创新创业教育的意识和能力作为岗前培训、课程轮训、骨干研修的重要内容,建立相关专业教师、创新创业教育专职教师到行业企业挂职锻炼制度。加快完善高校科技成果处置和收益分配机制,支持教师以对外转让、合作转化、作价入股、自主创业等形式将科技成果产业化,并鼓励带领学生创新创业。

(八)改进学生创业指导服务。

各地区、各高校要建立健全学生创业指导服务专门机构,做到"机构、人员、场地、经费"四到位,对自主创业学生实行持续帮扶、全程指导、一站式服务。健全持续化信息服务制度,完善全国大学生创业服务网功能,建立地方、高校两级信息服务平台,为学生实时提供国家政策、市场动向等信息,并做好创业项目对接、知识产权交易等服务。各地区、各有关部门要积极落实高校学生创业培训政策,研发适合学生特点的创业培训课程,建设网络培训平台。鼓励高校自主编制专项培训计划,或与有条件的教育培训机构、行业协会、群团组织、企业联合开发创业培训项目。各地区和具备条件的行业协会要针对区域需求、行业发展,发布创业项目指南,引导高校学生识别创业机会、捕捉创业商机。

（九）完善创新创业资金支持和政策保障体系。

各地区、各有关部门要整合发展财政和社会资金，支持高校学生创新创业活动。各高校要优化经费支出结构，多渠道统筹安排资金，支持创新创业教育教学，资助学生创新创业项目。部委属高校应按规定使用中央高校基本科研业务费，积极支持品学兼优且具有较强科研潜质的在校学生开展创新科研工作。中国教育发展基金会设立大学生创新创业教育奖励基金，用于奖励对创新创业教育作出贡献的单位。鼓励社会组织、公益团体、企事业单位和个人设立大学生创业风险基金，以多种形式向自主创业大学生提供资金支持，提高扶持资金使用效益。深入实施新一轮大学生创业引领计划，落实各项扶持政策和服务措施，重点支持大学生到新兴产业创业。有关部门要加快制定有利于互联网创业的扶持政策。

三、加强组织领导

（一）健全体制机制。

各地区、各高校要把深化高校创新创业教育改革作为"培养什么人，怎样培养人"的重要任务摆在突出位置，加强指导管理与监督评价，统筹推进本地本校创新创业教育工作。各地区要成立创新创业教育专家指导委员会，开展高校创新创业教育的研究、咨询、指导和服务。各高校要落实创新创业教育主体责任，把创新创业教育纳入改革发展重要议事日程，成立由校长任组长、分管校领导任副组长、有关部门负责人参加的创新创业教育工作领导小组，建立教务部门牵头，学生工作、团委等部门齐抓共管的创新创业教育工作机制。

（二）细化实施方案。

各地区、各高校要结合实际制定深化本地本校创新创业教育改革的实施方案，明确责任分工。教育部属高校需将实施方案报教育部备案，其他高校需报学校所在地省级教育部门和主管部门备案，备案后向社会公布。

（三）强化督导落实。

教育部门要把创新创业教育质量作为衡量办学水平、考核领导班子的重要指标，纳入高校教育教学评估指标体系和学科评估指标体系，引入第三方评估。把创新创业教育相关情况列入本科、高职高专、研究生教学质量年度报告和毕业生就业质量年度报告重点内容，接受社会监督。

（四）加强宣传引导。

各地区、各有关部门以及各高校要大力宣传加强高校创新创业教育的必要性、紧迫性、重要性，使创新创业成为管理者办学、教师教学、学生求学的理性认知与行动自觉。及时总结推广各地各高校的好经验好做法，选树学生创新创业成功典型，丰富宣传形式，培育创客文化，努力营造敢为人先、敢冒风险、宽容失败的氛围环境。

国务院办公厅
2015 年 5 月 4 日

附录 B

江苏省深化高等学校创新创业教育改革实施方案

为改革人才培养机制,提高高等教育质量,推动大众创业万众创新,根据《国务院办公厅关于深化高等学校创新创业教育改革的实施意见》(国办发〔2015〕36号)要求,结合我省实际,制定本实施方案。

一、把创新创业教育改革作为一项重要紧迫任务来抓

(一)重要意义。深化高校创新创业教育改革,是实施科教与人才强省战略和创新驱动发展战略、促进经济提质增效升级的内在要求,是深化高等教育综合改革、提高人才培养质量、推进高等教育与经济社会发展紧密结合的重要举措。近年来,我省高校创新创业教育不断加强,取得了积极进展,在实现毕业生更高质量创业就业、推动高等教育服务经济社会发展等方面发挥了重要作用。但也要清醒地看到,有的高校创新创业教育理念滞后,与人才培养和专业教育脱节,教师开展创新创业教育的意识和能力欠缺,实践平台建设和指导帮扶不到位,创新创业教育体系亟待健全。江苏是国家高等教育综合改革试验区和教育现代化建设试验区,必须把创新创业教育改革作为突破口、摆上更加突出的位置,真正以教育理念的深刻变革促进人才培养质量的全面提升,努力造就大众创业、万众创新的生力军,为"迈上新台阶、建设新江苏"提供强大的人才智力支撑。

(二)总体要求。坚持育人为本,面向全体学生,把创新创业教育融入人才培养体系,以提高人才培养质量为核心,以创新人才培养机制为重点,集聚要素与资源推进教学、科研、实践协同育人,突破人才培养薄弱环节,增强学生的创新精神、创业意识和创新创业能力。坚持创新引领创业、创业带动就业,主动适应经济发展新常态,促进高等教育与科技、经济、社会紧密结合,加快培养规模宏大、富有创新精神、勇于投身实践的创新创业人才队伍,不断提高高等教育对稳增长、促改革、调结构、惠民生的贡献度。2020年左右,建立健全创新创业教育与专业教育深度融合、知与行相辅相成的人才培养模式,基本形成课堂教学、自主学习、强化实践、指导帮扶、文化引领融为一体的高校创新创业教育体系,人才培养质量显著提升,学生创新精神、创业意识和创新创业能力显著增强,投身创业实践的学生显著增加,高校创新创业教育改革走在全国前列。

二、完善以提升创新创业能力为导向的人才培养方案

(三)强化人才培养中心地位。全面贯彻党的教育方针,落实立德树人根本任务,推动专业教育与创新创业教育深度融合。打通一级学科或专业类下相近学科专业的基础课程,开设跨学科专业的交叉课程,建立跨院系、跨学科、跨专业交叉培养创新创业人才的新机制,把学生全面发展与个性发展结合起来,促进人才培养由学科专业单一型向多学科融合型转变,逐步确立科学先进、广泛认同、具有江苏特色的创新创业教育理念。

(四)突出创新创业教育要求。根据相关专业教学质量国家标准和行业标准,修订高校专业教学质量标准。增加实习实训比重,确保人文社会科学类本科专业不少于总学分(学时)的15%、理工农医类本科专业不少于25%、高职高专类专业不少于50%;改进教师教育,师范类学生教育实践不少于1个学期;深化专业学位研究生教育改革,专业学位硕士研究生专业实践不少于半年。

三、建立创新创业教育协同育人新机制

(五)密切与地方政府、行业企业、其他高校院所的协同。有效整合集聚政府和社会资源,强化高校与政府部门、行业企业和社会机构的对接。建立江苏高校创新创业教育联盟,支持高校与国内外其他高校和科研院所开展创新创业教育专项合作,加快苏南高校将优质资源向苏中、苏北转移辐射步伐。鼓励各地、各类行业协会和企业定期发布创新创业项目指南,推动形成高校、政府、企业、社会共同参与、良性互动的创新创业教育协同机制。

(六)促进高校内部无缝对接。推进学科专业与人才培养协同,探索建立需求导向的学科专业结构和创业就业导向的人才培养类型结构调整机制。有条件的高校可以成立创新创业学院等校内综合协调机构,负责推进创新创业教育改革。建立教务部门为主导、创新创业学院和其他院系为主体的创新创业教学体系,构建教务、学工、团委等职能部门和院系协同的创新创业训练与实践体系,健全学工部门、就业创业中心等单位协同的就业创业指导服务体系,完善学工部门、科研部门、就业创业中心、大学创业园、大学科技园等单位协同的创新创业孵化体系。

四、健全与专业培养相融合的创新创业教育课程体系

(七)开设创新创业教育课程。面向全体学生,开发开设创新理论、研究方法、学科前沿、创业基础、就业创业指导等方面的必修课和选修课,建设理念先进、体系完整、动态优化的创新创业教育通识课程群。开发开设与专业相关的创新创业教育基础课程,在专业课程中融入创新创业教育思想观念、原则方法和精神指向,建设选修必修、理论实践、课内课外、线上线下、校内校外相结合,与专业培养相融合的创新创业教育课程体系。

(八)整合创新创业教育课程资源。遵循创新创业教育基本规律和特点,挖掘和充实各类专业课程的创新创业教育资源。推进创新创业教育课程信息化建设,建立创新创业教育课程资源共享平台,推行在线开放课程和跨校学习的认证、学分认定制度。鼓励创新创业教育专家、知名企业家进课堂,推动高水平创新创业讲座、高品位创新创业活动进课程。到2020年,省立项建设10门"团队+教材+慕课"的创新创业教育通识共享课程、100个专业的创新创业教育基础示范课程。支持高校与出版机构合作组建优势互补的创新创业教育课程建设团队,进一步加强创新创业教育优秀课程和教材建设,编写出版100本不同层次的创新创业教育重点教材。

五、构建与创新创业教育理念相适应的教育模式

(九)改革教学方法。推进研究性教学,广泛开展启发式、讨论式、参与式和项目化教学,扩大小班化教学覆盖面,支持学生开展研究性学习、创新性实验、创业计划和创业模拟活动,真正把学术前沿发展、最新研究成果和创新实践经验融入课堂教学,把创新创业观念、原则和方法融入专业课程教学。发挥创新创业导师"传、帮、带"的作用,以"师傅授徒"方式指导学生参与创新创业实践。利用现代教育技术,采取翻转课堂、混合式教学等多种教学形式,培养学生的批判性、创造性思维,激发学生创新创业灵感。

（十）改进学生学业评价办法。改革考核内容和方式，注重考查学生运用知识分析解决问题的创新创业能力，探索灵活多样的开放考核方式，促进结果考核向过程考核、知识考核向能力考核、单一考核方式向多种考核方式的转变。设置合理的创新创业学分，建立专业创新课程学分和创新创业实践拓展学分积累转换制度。实施弹性学制，放宽学生修业年限，允许调整学业进程、保留学籍休学创新创业。对创新创业实践成果显著、经认定符合学位授予条件的学生，可授予相应学位。

六、开展多种形式的创新创业实践

（十一）共建共享创新创业实践平台。加强专业实验室、虚拟仿真实验室、创新创业实践教育中心建设，支持高校在开发区、城市配套商业设施、科技企业孵化器中建设大学生创业园、创业孵化园、众创空间、科技园等创新创业实践平台。切实加强新一轮省级大学生创新创业教育示范校和省级大学生创业示范基地建设，组织遴选一批校内校外联动的省级大学生创新创业实践教育中心，推动创新创业理论教学、学科竞赛、项目实践、基地建设一体化。力争到2020年，全省每所公办本科高校自主使用的创新创业实践基地面积不少于4000平方米，其他本专科院校自主使用的创新创业实践基地面积不少于2000平方米。

（十二）健全创新创业训练计划实施体系。继续深入实施大学生创新创业训练计划和新一轮大学生创业引领计划，形成国家、省、校、院（系）四级大学生创新创业训练计划实施体系。省每年立项建设一批大学生创新创业训练计划项目，力争使每一名大学生在校期间至少参与一项大学生创新创业训练计划。依托省大学生创新创业训练计划平台，举办大学生创新创业成果展示交流会暨创新创业教育论坛，努力将其打造成为集创新创业项目展示、成果转化、校企对接等功能为一体的交流平台。各高校要普遍建立大学生创新创业训练计划校级网络管理平台，加强对大学生创新创业训练计划实施过程的管理，为大学生及时了解政策和行业信息、学习积累行业经验、寻找合作伙伴和创业投资人创造良好条件。鼓励高校开办具有校本特色的创新创业实验班。支持学生参加各类志愿服务。

（十三）办好各级各类创新创业竞赛。建立国家、省、校三级竞赛管理体系，形成政府指导、高校为主体的各类竞赛项目动态评价和认定机制。办好面向全体学生的创新创业大赛、职业技能大赛及各类科技创新、创意设计、创业计划等专题竞赛，鼓励高校参加"互联网+"大学生创新创业竞赛、"挑战杯"大学生课外学术科技作品竞赛等活动，自主创办符合学科专业特点的各类创新创业竞赛。各高校要依据专业培养要求，完善竞赛项目与课程互认、学分互换办法，将创新创业竞赛纳入实践教学课程体系，做到以赛促教、以赛促学。

七、提升教师创新创业教育教学能力和水平

（十四）配齐配强创新创业教育师资队伍。按照专任为主、专兼结合的原则，优化高校教师队伍结构，鼓励高校聘请各行业优秀人才担任专业课、创新创业课的授课或指导老师，吸引有创新创业实践经验的企业家和技术人才到高校兼职。健全教师创新创业教育培训制度，搭建教师创新创业教育培训平台，造就一支能够将创新创业教育与素质教育、专业教育紧密融合的师资队伍。建好20个省级教师教学发展示范中心，重点建设5个创新创业师资培训基地。建设江苏优秀创新创业导师人才库，加强创新创业导师队伍建设。

（十五）完善相关教师专业技术职务评聘标准。将创新创业教育纳入教师专业技术职务评聘标准和绩效考核指标体系，支持教师以对外转让、合作转化、作价入股、自主创业等形式将科技成果产业化,鼓励教师带领学生创新创业。建立健全专业教师、创新创业教育专职教师到企业和乡镇挂职锻炼制度,鼓励专业教师参与社会创新创业实践,引导专业教师积极开展创新创业教育方面的理论和案例研究。

八、注重对师生创新创业及其教育教学的激励支持

(十六)鼓励全体教师开展创新创业教育。定期遴选创新创业优秀教学团队、创新创业教学名师、优秀青年导师,同时把创新创业教学成果作为高等教育教学成果评选表彰的重要内容。到2020年,评选100个省级创新创业教育优秀教学团队、100名省级创新创业教育教学名师、100名创新创业优秀青年导师。

(十七)激励大学生创新创业。有条件的高校要资助在校大学生开展创新科研工作,设立创新创业奖学金,并在现有相关评先评优项目中拿出一定比例用于表彰创新创业方面表现突出的学生。探索将学生开展创新创业训练、发表论文、获得专利和自主创业等情况折算为学分,优先支持参与创新创业的学生转入相关专业学习。自2016年开始,省每年评选150名创新创业标兵,省级创新创业标兵可直接推荐免试研究生或专升本;评选100个省级大学生创新创业优秀俱乐部(协会)。

九、加强对创新创业教育改革的组织领导和保障服务

(十八)落实高校主体责任。各高校要把深化创新创业教育改革作为"培养什么人,怎样培养人"的战略任务,纳入学校综合改革的重要议事日程,成立由主要负责同志任组长、分管负责同志任副组长、教务等有关部门负责人参加的创新创业教育工作领导小组。精心制定创新创业教育改革实施方案,并将实施方案报省教育行政部门和主管单位备案,备案后向社会公布。省各有关部门要加强沟通协调,完善大学生创新创业政策保障体系,帮助符合条件的创业大学生获得相应政策扶持;成立由各行业专家、企业家、金融界人士组成的创新创业教育咨询委员会,为高校创新创业教育提供决策咨询和指导服务。

(十九)统筹各类资金支持大学生创新创业。各高校每年要多渠道统筹安排资金,用于创新创业教育示范校、创业示范基地、创新创业实践教育中心建设,支持课程教材建设、学科竞赛、创新创业训练计划实施、创业项目孵化等工作,并建立创新创业教育经费稳定增长机制。省有关部门要研究制定鼓励企事业单位参与高校创新创业教育的政策措施,指导落实促进大学生创业就业的税收政策。大力发展"互联网+"创新创业服务,促进创业与创新、创业与就业、线上与线下相结合,进一步降低大学生创新创业门槛和成本。鼓励社会组织、公益团体、企事业单位和个人设立大学生创业风险基金,以多种形式向自主创业大学生提供资金支持。

(二十)加大督导落实和宣传引导力度。将大学生创新创业教育工作纳入各级政府目标考核体系和高校教育教学评估指标体系、学科评估指标体系,作为高校品牌专业建设工程绩效评价的重要方面,在高校本科教学审核评估、本科教学质量年度报告、毕业生就业质量年度报告、高校年度数据报表中增设创新创业教育内容。实施以创新创业教育为观测点的个性化、多元化评价,分层次对各高校创新创业教育改革情况进行系统评价。及时总结推广各地各高校的好经验好做法,选树大学生创新创业成功典型,弘扬当代大学生积极投身实践、勇于创新创业的正能量,培育创客文化,努力营造敢为人先、敢冒风险、宽容失败的氛围环境。

附录 C

教育部关于大力推进高等学校创新创业教育和大学生自主创业工作的意见

教办〔2010〕3 号

各省、自治区、直辖市教育厅（教委），部属各高等学校，各国家大学科技园：

党的十七大提出"提高自主创新能力，建设创新型国家"和"促进以创业带动就业"的发展战略。大学生是最具创新、创业潜力的群体之一。在高等学校开展创新创业教育，积极鼓励高校学生自主创业，是教育系统深入学习实践科学发展观，服务于创新型国家建设的重大战略举措；是深化高等教育教学改革，培养学生创新精神和实践能力的重要途径；是落实以创业带动就业，促进高校毕业生充分就业的重要措施。为统筹做好高校创新创业教育、创业基地建设和促进大学生自主创业工作，现提出以下意见：

一、大力推进高等学校创新创业教育工作

1. 创新创业教育是适应经济社会和国家发展战略需要而产生的一种教学理念与模式。在高等学校中大力推进创新创业教育，对于促进高等教育科学发展，深化教育教学改革，提高人才培养质量具有重大的现实意义和长远的战略意义。创新创业教育要面向全体学生，融入人才培养全过程。要在专业教育基础上，以转变教育思想、更新教育观念为先导，以提升学生的社会责任感、创新精神、创业意识和创业能力为核心，以改革人才培养模式和课程体系为重点，大力推进高等学校创新创业教育工作，不断提高人才培养质量。

2. 加强创新创业教育课程体系建设。把创新创业教育有效纳入专业教育和文化素质教育教学计划和学分体系，建立多层次、立体化的创新创业教育课程体系。突出专业特色，创新创业类课程的设置要与专业课程体系有机融合，创新创业实践活动要与专业实践教学有效衔接，积极推进人才培养模式、教学内容和课程体系改革。加强创新创业教育教材建设，借鉴国外成功经验，编写适用和有特色的高质量教材。

3. 加强创新创业师资队伍建设。引导各专业教师、就业指导教师积极开展创新创业教育方面的理论和案例研究，不断提高在专业教育、就业指导课中进行创新创业教育的意识和能力。支持教师到企业挂职锻炼，鼓励教师参与社会行业的创新创业实践。积极从社会各界聘请企业家、创业成功人士、专家学者等作为兼职教师，建立一支专兼结合的高素质创新创业教育教师队伍。高校要从教学考核、职称评定、培训培养、经费支持等方面给予倾斜支持。定期组织教师培训、实训和交流，不断提高教师教学研究与指导学生创新创业实践的水平。鼓励有条件的高校建立创新创业教育教研室或相应的研究机构。

4. 广泛开展创新创业实践活动。高等学校要把创新创业实践作为创新创业教育的重要延伸，通过举办创新创业大赛、讲座、论坛、模拟实践等方式，丰富学生的创新创业知识和体验，提升学生的创新精神和创业能力。省级教育行政部门和高校要将创新创业教育和实践活动成果有机结合，积极创造条件对创新创业活动中涌现的优秀创业项目进行孵化，切实扶持一批大学生实现自主创业。

5. 建立质量检测跟踪体系。省级教育行政部门和高等学校要建立创新创业教育教学质量监控系统。要建立在校和离校学生创业信息跟踪系统,收集反馈信息,建立数据库,把未来创业成功率和创业质量作为评价创新创业教育的重要指标,反馈指导高等学校的创新创业教育教学,建立有利于创新创业人才脱颖而出的教育体系。

6. 加强理论研究和经验交流。教育部成立高校创业教育指导委员会,开展高校创新创业教育的研究、咨询、指导和服务。省级教育行政部门和高等学校要加强对国内外创新创业教育理论研究,组织编写高校创新创业教育先进经验材料汇编和大学生创业成功案例集。省级教育行政部门应定期组织创新创业教育经验交流会、座谈会、调研活动,总结交流创新创业教育经验,推广创新创业教育优秀成果。逐步探索建立中国特色的创新创业教育理论体系,形成符合实际、切实可行的创新创业教育发展思路,指导创新创业教育教学改革发展。

二、加强创业基地建设,打造全方位创业支撑平台

7. 全面建设创业基地。教育部会同科技部,以国家大学科技园为主要依托,重点建设一批"高校学生科技创业实习基地",并制定出台相关认定办法。省级教育行政部门要结合本地实际,通过多种形式建立省级大学生创业实习和孵化基地;同时要积极争取有关部门支持,推动本地区有关市、高等学校、大学科技园建立大学生创业实习或孵化基地,并按其类别、规模和孵化效果,给予大力支持,充分发挥基地的辐射示范作用。

8. 明确创业基地功能定位。大学生创业实习或孵化基地是高等学校开展创新创业教育、促进学生自主创业的重要实践平台,主要任务是整合各方优势资源,开展创业指导和培训,接纳大学生实习实训,提供创业项目孵化的软硬件支持,为大学生创业提供支撑和服务,促进大学生创业就业。

9. 规范创业基地管理。大学科技园作为"高校学生科技创业实习基地"的建设主体,要把基地建设作为园区建设的重要内容,确定专门的管理部门负责基地的建设和管理;加强与依托学校和有关部门的联动,共同开展大学生实习实训和创业实践。有关高等学校要高度重视大学科技园在创新创业人才培养中的作用,出台有利于大学科技园开展学生创业工作的政策措施和激励机制。

10. 提供多种形式的创业扶持。大学生创业实习或孵化基地要结合实际,为大学生创业提供场地、资金、实训等多方面的支持。要开辟较为集中的大学生创业专用场地,配备必要的公共设备和设施,为大学生创业企业提供至少12个月的房租减免。要提供法律、工商、税务、财务、人事代理、管理咨询、项目推荐、项目融资等方面的创业咨询和服务,以及多种形式的资金支持;要为大学生开展创业培训、实训;建立公共信息服务平台,发布相关政策、创业项目和创业实训等信息。

三、进一步落实和完善大学生自主创业扶持政策,加强创业指导和服务工作

11. 切实落实创业扶持政策。省级教育行政部门要按人力资源和社会保障部、教育部等《关于实施"2010高校毕业生就业推进行动"大力促进高校毕业生就业的通知》(人社部发〔2010〕25号)要求,与有关部门密切配合,共同组织实施"创业引领计划",并切实落实以下政策:对高校毕业生初创企业,可按照行业特点,合理设置资金、人员等准入条件,并允许注册资金分期到位。允许高校毕业生按照法律法规规定的条件、程序和合同约定将家庭住所、租借房、临时商业用房等作为创业经营场所。对应届及毕业2年以内的高校毕业生从事个体经营的,自其在工商部门首次注册登记之日起3年内,免收登记类和证照类等有关行政事业性收费;登记求职的高校毕业生从事个体经营,自筹资金不足的,可按规定申请小额担保贷款,从事微利项目的,可按规定享受贴息扶持;对合伙经营和组织起来就业的,贷款规模可适当扩大。完善整合就业税收优惠政策,鼓励高校毕业生自主创业。

12. 积极争取资金投入。省级教育行政部门要与有关部门协调配合,积极争取当地政府和社会支持,通过财政和社会两条渠道设立"高校毕业生创业资金"、"天使基金"等资助项目,重点扶持大学生创业。要建立健全创业投资机制,鼓励吸引外资和国内社会资本投资大学生创业企业。

13. 积极开展创业培训。省级教育行政部门要积极配合有关部门,对有创业愿望并具备一定创业条件的高校学生,普遍开展创业培训。要积极整合各方面资源,把成熟的创业培训项目引入高校,并探索、开发适合我国大学生创业的培训项目。同时,高等学校要加强对在校生的创业风险意识教育,帮助学生了解创业过程中可能遇到的困难和问题,不断提高防范和规避风险的意识和能力。

14. 全面加强创业信息服务。省级教育行政部门和高等学校要加大服务力度,拓展服务内涵,充分利用现有就业指导服务平台,特别是就业信息服务平台,广泛收集创业项目和创业信息,开展创业测评、创业模拟、咨询帮扶,有条件的要抓紧设立创业咨询室,开展"一对一"的创业指导和咨询,增强创业服务的针对性和有效性。

15. 高等学校要出台促进在校学生自主创业的政策和措施。高校可通过多种渠道筹集资金,普遍设立大学生创业扶持资金;依托大学科技园、创业基地、各种科研平台以及其他科技园区等为学生提供创业场地。同时,有条件的高校要结合学科专业和科研项目的特点,积极促进教师和学生的科研成果、科技发明、专利等转化为创业项目。

四、加强领导,形成推进高校创业教育和大学生自主创业的工作合力

16. 省级教育行政部门要把促进高校创新创业教育和大学生自主创业工作摆在突出重要位置。要积极争取有关部门支持,创造性地开展工作,因地制宜地出台并切实落实鼓励大学生创业的政策措施。要加大对高校创新创业教育、创业基地建设的投入力度,在经费、项目和基金等方面给予倾斜。有条件的地区可设立针对大学生的创业实践项目,为大学生创业实践活动提供小额经费支持。根据工作需要,可评选创新创业教育示范校、创业示范基地。

17. 高等学校要把创新创业教育和大学生自主创业工作纳入学校重要议事日程。要理顺领导体制,建立健全教学、就业、科研、团委、大学科技园等部门参加的创新创业教育和自主创业工作协调机制。统筹创新创业教育、创业基地建设、创业政策扶持和创业指导服务等工作,明确分工,切实加大人员、场地、经费投入,形成长效机制。

18. 营造鼓励创新创业的良好舆论氛围。省级教育行政部门和高等学校要广泛开展创新创业教育和大学生自主创业的宣传,通过报刊、广播、电视、网络等媒体,积极宣传国家和地方促进创业的政策、措施,宣传各地和高校推动创新创业教育和促进大学生创业工作的新举措、新成效,宣传毕业生自主创业的先进典型。通过组织大学生创业事迹报告团等形式多样的活动,激发学生的创业热情,引导学生树立科学的创业观、就业观、成才观。

中华人民共和国教育部
2010年5月4日